こんなオッチャンが語ります

前明石市長
泉房穂
Izumi Fusaho

20代をどう生きたらいいのか

さくら舎

はじめに

～私たちには、幸せを追求する権利がある～

いまの日本は、「冷たい国」。子どもにも、若者にも。

このことがようやく社会全体の共通認識になりつつあります。

日本弁護士連合会がまとめた「若者が未来に希望を抱くことができる社会へ」（令和4年1月発行）というリーフレットがあります。そこには各地の若者への聴き取りから浮かび上がったさまざまな「生きづらさ」が次のように挙げられています。

・失敗や遠回りが許されない社会。
・一度決めたら二度目はない。一生が決まってしまう就活に必死。
・受験戦争はしんどい。見えない『敵』を蹴落とす。

・将来の夢より『安定』を優先。
・自分のことで精一杯の日本は『社会が死んでいる』感じ。
・周りからの『同調圧力』の中で育ちながら、高3で突然、選択を迫られる。
・大学に行くのは、就職が有利になるから？
・『レール』からはずれてしまった自分。絶望してひきこもりになった。それも自分の責任。
・『社会を変えよう』とか思えない。与えられた枠組の中で自分が生きることで精一杯。

きっといまこの本を手に取ってくださっているみなさんも、多かれ少なかれ、同じような感覚・感情なのではないでしょうか。

生まれた家庭の経済力によって受けられる教育が左右されること、新卒一括採用の慣行、なかなか上がらない給料、取りづらい育児休暇、税金や社会保険料の負担の増加、高い家賃、子育て費用の負担、若者が視野に入っていないような政治家の施策、社会からの「こうあるべき」という目。みなさんが抱く不安・不満・あきらめなど、挙げていったらきりがないと思います。それなのに「いまどきの若者は車も買わない」「いつまでも親と暮らしている」「結婚しない」「子どもを産まない」などと言われても、「それどころじゃないんだ！　右肩上がりの時代の自分たちと比べんな！　こっちは生まれたときからずっと世の中不況なんだ！」と言いたくもなります。令和3（2021）年12月の日経新聞の調査では、20代以下の3割以上が、「自分の世代は親世代よりも『不幸せ』『やや不幸せ』と感じている」と答えています。

それでも、です。みなさんの未来は明るいと、私は伝えたい。

いまの生きづらさは思い違いだということではありません。それは事実ですし、日本に子ども・若者向けの施策が少なく、予算が割かれていないのもたしかです。

でも、昔よりもよくなっていることもあります。

SNSやYouTubeなどはネガティブな面も取り上げられがちですが、発信も情報収集もよりしやすい、素晴らしいツールです。お金を稼ぐ手段も、会社に勤めるという選択肢だけではなくなりました。転職・副業も推奨されはじめ、テレワークや働き方改革など、以前ではありえなかった方針が打ち出されています。性的少数者への社会の関心も高まっています。社会人の学び直し「リスキリング」も打ち出され、そしてようやく、国が子どものための施策を議論しはじめたのです。
進みは遅々としているかもしれません。それでもこれらは明らかな変化で、今後どんどんよいほうに行く動きになっています。「男だから稼げ」と言われ、やりたくない仕事を無理して頑張るとか、「とにかくやさしいお母さんになって」と言われ、進学を断念して花嫁修業するとか、そういう考えも時代錯誤と言われる世の中になりました。いま社会は多様性を認める方向に進んでいます。みなさんの親世代に比べたら、可能性はむしろ増えていると言っていいでしょう。だから、みなさんの未来は明るい、それを信じていい。そう思うのです。

私が日本国憲法でいちばん好きな条文を紹介しましょう。

第十三条　すべて国民は、個人として尊重される。生命、自由及び幸福追求に対する国民の権利については、公共の福祉に反しない限り、立法その他の国政の上で、最大の尊重を必要とする。

この条文は「幸福追求権」を規定したものです。「幸福権」ではなくて「幸福追求権」。日本国憲法唯一の追求権で、「人は幸せになろうとしていい」という条文です。

これは、「各人の幸せを保障する条文」ではありません。保障するのは「追求する権利」です。幸せのかたちは人それぞれ異なりますから、「幸せになりなさい」と表すと、「では幸せとは何か?」という話になる。だから「あなたはこういう幸せを得なさい」と強制するのではなく、「あなたは、あなたの幸せになりたい方向に行っていいよ」という権利なのです。

この条文は、次のことを保障しています。

あなた自身が幸せになることを誰も止めてはいない。ひとり残らず、誰もが幸せになっていい。そして、幸せに向かって、一人ひとりが違う方向に走っていいということです。

くり返しますが、幸せのかたちはいろいろあります。仮に自分が最初に思っていた幸せが得られなかったとしても、あきらめる必要はまったくありません。

ほかのかたちで幸せを実現する方法を見つける。ほかの幸せを探す。とにかく「幸せ」になろうとしていいのです。

すごく感動的な条文だと思いませんか。

＊

みなさんの人生はまだまだ長い。もし生きることに、いまの毎日に、これから続く未来に希望を失う道を歩むなら、それは本当にとても、もったいないことです。

だからこの本で「こんなふうに考えてみたら」「こんなふうにやってみたら」というヒントをお伝えします。

万人に共通の「人生の最適解」なんてありませんから、みなさんに「人生の最適解はこれだ」と明確に示すことなどできません。そんなことができるとしたら、それは自分、あなた自身です。本人をおいてほかにいません。自分の人生の最適解を決めるのは自分自身なのですから。

またそれとあわせて、「そこはみなさんじゃなくて、社会がおかしいんだよ」ということも、指摘して、お伝えしていきます。

「自己責任」だと思っていることも、じつは社会のしくみのほうが間違っていることだってけっこうたくさんあるんです。「こうしなきゃいけない」というのも、単なる思い込みにすぎないことだってあります。

私自身はわりと自由奔放な生き方をしてきたので、「こうあるべき」というまわりの目に苦しんでいる方は「そんなふうにしても生きられるんだな」「そんな生き方もあるんだな」という感じで、一種のロールモデルとして見ていただくといいかもしれません。

～こんな私が語ります～

「こんな考え方もあるよ」「こんなふうに考えたらええんちゃうの」と言われたところで、それを言っている人物がどういう人間かわからず、「なんかようわからんオッチャンがなんか言っとるな」で終わってしまうと残念なので、具体的な話をする前に、まず「そういうお前は誰やねん」というところを、少しお話しします。「言葉」と「それを発している人」はセットですから、ちょっとお付き合いください（「あんたのことは知っとるわ」という方は、読み飛ばしてどうぞお先へ）。

肩書でいうと、私は前明石《あかし》市長です。３期、つまり12年間、兵庫県の明石市で市長を務めました。また、弁護士でもあり、社会福祉士でもあります。

これらの経歴の根底にある思いは「やさしい社会を明石から」です。

市長在任中には独自の子ども施策「５つの無料化」などを全国ではじめて実施し、結果、明石市は10年連続人口増となりました。令和２（２０２０）年の国勢調査によると、人口増加率は全国の中核市（人口20万人以上の指定を受けた自治体）で第1位、令和元年のまちづくり市民意識調査によると住みやすさは91・２％となり、市民の満足度も上昇しました。令和５年４月末で任期を終え、いまは明石で実現してきたことをどうやって日本社会全体に広げていくか、考えているところです。

そんな私が生まれたのは兵庫県の明石市。二見町《ふたみちょう》という漁師町です。

親父《おやじ》は戦争で３人の兄を亡くしていて、家族を支えるために、小学校を出るとすぐ漁師になりました。３軒先に住んでいたおふくろも貧乏で、中学校を出ると女工さんになったそうです。そして小卒と中卒で結婚。「せめて自分たちは頑張って働いて、子どもは高校へ行かせてあげたい」と誓いあって、昭和38（１９６３）年に生まれたのが私です。

そして生活は貧乏のまま、4年後に障害をもつ弟が生まれ、私は貧困と差別という二重の壁に真正面からぶち当たる状況で育ちました。幼い頃から社会の冷たさ、理不尽さをまさに目の当たりにしてきたのです。

当時、すでにたくさんの家電製品が出まわっていましたが、うちには洗濯機がなかったので、桃太郎の昔話みたいに川で洗濯していました。テレビも白黒で、お金持ちの家に行くと色がついたカラーテレビが見られました。

風呂も五右衛門風呂《ごえもんぶろ》で、外で薪《まき》をくべて沸かしていました。私が小学5年生のときに、やっと「ふつうの風呂」になりました。「これで雨に濡れんで済むわ」とうれしく思ったものです。それまでは、雨が降っている日は雨傘を差しながら薪をくべていました。

両親が懸命に働いていても、家にお金はありませんでしたし、障害をもつ弟は将来どうなるかわからない状況でした。だから私はかなり早い段階で、「貧困と差別の問題をなんとかしたい」という使命感のようなものをもちはじめました。

両親は心やさしく、愛情たっぷりの人たちでしたが、弟が障害をもって生まれてからは、弟にかかりきりになりました。私も、親に甘えることは許されないと思っていました。自分が親に何かを買ってくれと言ったこともないですし、おねだりをしたこともありません。むしろ自分も弟に対して、「何かせなあかん」と思っていたのです。

弟は脳性麻痺《まひ》で、生まれたときから肢体不自由で、言語障害がありました。2歳のとき、身体障害者手帳二級を取得しましたが、弟は「一生起立不能」と診断されていました。

それでも両親は必死になって弟が歩けるように訓練をしつづけました。いま思うと、かなり無茶な訓練だったと思いますが、弟は4歳で立ちあがり、5歳で歩きはじめ、6歳の小学校入学時にはなんとか間に合って、近くの小学校に歩いて通えるようになりました。

しかし当時の行政は「障害のある者は普通学校に来るな」という時代。養護学校（現在の特別支援学校）以外で障害者を受け入れるという発想自体がなかったのかもしれません。弟の入学は拒否されました。

障害がある子どもたちは、世の中にたくさんいます。でも健常者に比べれば少数派です。その人たちが、まるで存在していないかのように成り立っている社会に疑問を感じました。

障害があるからといって差別するな。障害者を冷たい目で見るな。

私はこのとき、「市長になる」と誓ったんです。

「こんな冷たい社会では死にたくない」

「自分がこのまちをやさしくしてから死にたい」

「いっしょになって、助けあえるまちをつくってやる。困っている人にまわりが手を差しのべるような、やさしいまちをつくってみせる」

これが、10歳のときでした。

結局、両親の必死の交渉によって、弟は私と同じ学校に通うことになりました。しかし両親は行政に「何があっても行政を訴えないこと」「送り迎えは家族が責任をもってすること」の2点を守る誓約書を提出させられました。両親はいつも朝早くから漁に出ていましたから、送り迎えは私の役目となりました。

その後、私は必死に勉強するようになりました。もともと賢かったわけではありませんので、誰にも負けないくらい勉強して賢くなろうとしました。

私の親父は子どもの頃、漁の手伝いで学校の宿題を一切させてもらえなかったと言います。親父もその漁の仕事を引き継いでいましたから、私も漁の仕事が決してラクなものでないことは子どもながらに知っていました。

だから、私は親父に何度か聞きました。

「漁の手伝いに行かなくていいの？」

親父は私に「行かんでいいよ」と言います。

私は「ありがとう」とお礼を言ってから、「宿題していい？」と聞きます。親父は、それが当然だというように「宿題してもいいよ」と言ってくれました。

親から「宿題していい」と言われて子どもが感謝するというのは、ふつうの感覚からするとちょっとおかしいかもしれません。でも、当時うちの家ではそうでした。

親父やおふくろと違って自分は家で宿題していいんだ、勉強してもいいんだと思ったら、すごくうれしかったことを覚えています。心から「お父ちゃん、ありがとう」「おかん、ありがとう」と思ったものでした。だから、勉強に対する私の姿勢は、半端なものではなかったと思います。

高校生になって、私は大学受験をすることにしました。おふくろから、「私らが死んだあとは弟の面倒を見るためにふたり分稼げるようになってほしい」と、よく言われていたからです。塾に通うお金の余裕はなかったので、最低限の参考書や問題集を購入し、あとは近くの書店で参考書を立ち読みしながら勉強しました。本屋の親父さんは、私を見かねて、店のすみに椅子を用意してくれるようになりました。

そのおかげもあって、私は東京大学に現役で合格することができました。ありがたいことに入学金や授業料も免除してもらい、親からの仕送りもなく卒業できました。

親父が、口癖のようにこう言っていたのを思い出します。

「お前がしたいことをさせるのが、わしのしたいことや。子どもたちが自分のしたいことをできるように、わしは仕事を頑張るんや」

親父の時代は戦争もあったし、家も貧乏だったので、自分のしたいことができるような人生ではなかったと思います。でも、そんなことを少しも恨んでいませんでした。

何かの折、私が「お父ちゃん、ありがとう」と言うと、親父はこう言ってくれました。

「〝ありがとう〟なんて親に言う必要はない。親が子どもにするのはあたりまえのことや。もしお前が私にありがとうという気持ちがあるんやったら、心にしもうとけ。お前に子どもができたら、その子どもにしてやれ。そうやって引き継いでいくもんやから。だから、親にありがとうはいらん」

そんなふうに言われて、改めて「自分はちゃんと生きなあかん」と思ったものです。また大人がしてくれたことを大人に返すのではなく、次の世代に与えていこうという気持ちも生まれました。

おふくろの話もひとつさせてください。

私が小学生の頃は子どもの多い時代でしたから、一学年10クラスありました。そのなかで、私は学業の成績はずっと1番。スポーツもだいたい1番でした。野球少年でしたが、キャプテンで四番でホームラン王。中学校からスカウトも来ました。でも、そういうことをずっと引け目にも感じていました。それはいま思えば、おふくろの一言が原因だったような気がします。

おふくろは、弟が2歳のときに無理心中を図ろうとしました。ですが「死にきれんかった」と言います。なぜかというと、私がいたからでした。

私もそうですが、おふくろも口の悪い人でした。

「あんたがおったから、死なれへんかった」

そう言われました。

「お兄ちゃんのあんたがおるから、あんたをほっといて死なれへんかったんや。あんた、半分返しなさい。あんたはふたり分取って生まれたんやから。だから、あんたは勉強1番で、スポーツも1番なんや」

もう論理も何も、めちゃくちゃです。たしかに弟はうまく歩けず、うまく話すこともできず、一方の私は勉強もスポーツも1番。でも私からすれば「そんなの知らんがな」と言うしかありません。

しかしそれがきっかけで「申し訳ない。なんとか返したい」という思いが強くなっていきました。

私はそんな子ども時代を過ごしてきた人間です。

そして紆余曲折《うよきょくせつ》を経て、やがて故郷明石の市長になり、「やさしいまちづくり」に奔走しました。思いが先行してつい言いすぎて、市の職員への暴言で一度市長を辞任したこともあります。私の悪い癖です。でも、市民のみなさんが再出馬を求める署名活動をしてくださって、再度立候補して当選し、再び市長として邁進《まいしん》しました。

こんな生い立ち・経歴を聞かされて、「あまりにも自分と違いすぎて参考にならない」と思われるかもしれません。でも私は「自分のときはこうだった、だからあなたもこんなふうにしなさい」などと説教をするつもりはありません。いままでの話はこれからの大前提として「こんなオッチャンが言ってるんやな」というふうに捉えていただけたらと思います。

人にはみんなそれぞれのバックグラウンドがあるものです。突飛なものでも、平凡なようでも、それぞれが、かけがえのない人生です。私の人生だってそう。みなさんの人生だってそう。それぞれが自分の人生を生きている。それぞれが尊いのです。

この本を手に取っておられるみなさんは、きっと何かしらのヒントを得たいと思っていらっしゃることと思います。私も精一杯、言葉を紡ぎたいと思います。本書が少しでもみなさんのお役に立てたら幸いです。

目次◆20代をどう生きたらいいのか——こんなオッチャンが語ります

1 もっとわがままになれ!

2 発想の転換でラクになれ！

3 人間関係の処方箋

4

人生の主人公は自分自身

20代をどう生きたらいいのか

――こんなオッチャンが語ります

1

もっと
わがままになれ！

夢なんてなくてもいい

最初から、いきなり気の抜けるような話です。

みなさんは、夢をもっていますか？　小さい頃は「将来の夢」を聞かれたり書かされたりすることがありますね。でも小学校、中学校、思春期を経たいま、いかがでしょうか。

世の中的には、「夢をもて！」という方向で言われることが多いように思います。夢をもつこと、夢があることは素敵なことです。私自身、10歳のときに「市長になる」と誓った、これもひとつの夢でした。

でもべつに、なきゃいけないわけじゃない。

「夢をもたない」ということもあっていいと思います。

「こうでなきゃいけない」ということはなく、「どうであってもいい」。

人に「夢をもて！」と強制するなど余計なお世話です。もし人からそう言われたら、

「そんなの個人の自由でしょ！」

これに尽きます。

夢をもちたい人は夢をもって、あるいは探して、それに向かって頑張ればいいし、夢がなければないで、それもいい。

夢がない人はそれを気にしたり、夢に邁進している人に憧れたりしがちですが、夢のあるなしに優劣なんてありません。

だって、ちょっと立ち止まって考えてみてください。

そもそも、人生に夢は欠かせないものでしょうか。夢がなきゃ生きられない？　夢がなきゃ不幸せ？　そんなことはないでしょう。朝に目が覚めて、おいしいものを食べ、きれいな夕焼けを見た。私は、それで十分、人は幸せになれると思っています。

そもそも幸せの感じ方は人それぞれです。まわりの人や世間からどう言われようと、自分が幸せであることがいちばん大事です。

夢を追いたいと思えば追うことができる。そこに興味がない人もそれで問題なし。

私たちがいる社会は、そういう自由な場所です。

これから、夢や目標を達成するにはどうするかという話もしますが、まず大前提として「夢はあってもなくてもいい」。それを忘れないでください。

目標は途中で変えたっていい

目標があればそこに向かって進むことになりますが、目標がなかなか達成できないと、悶々《もんもん》とする日々が続くことになります。

目標にこだわりつづけてそれが自分を苦しめるなら、少し頭を冷やして発想を転換し、切り抜けることを考えてもいいかもしれません。別のルートを探してみるということです。

これは「負け」でも「逃げ」でもありません。「別の角度から眺めて、目標達成までの方法を変えてみる」ということです。

「いろんな方法を考えてみたけれど、どれもだめだ」という結論が出たら、かわりになる別の目標を検討してみるのもいいと思います。自分の側だけではどうにもならないこともありますし、「あきらめるのもひとつの方法」です。

たとえば「富士山に登る」という目標だったとします。

通常は登山ルートを吉田《よしだ》ルート、富士宮《ふじのみや》ルート、須走《すばしり》ルート、御殿場《ごてんば》ルートの４つの主要ルートから選べます。それぞれ傾斜や頂上までの道のりが異なりますから、自分が望むルートはどれか、いまの自分の力で登れるルートはどれか、いろいろ考えたうえで決めればいいのです。

そして、４つともだめだったら、別の山に登ることを考えてみる。

その別の山に登れば、もしかしたら富士山に登ったときに得られるものと同じようなものが得られるかもしれません。

自分はその目標を達成することによって何を実現したいのか。その裏の思いを紐解《ひもと》くことで、目標に対して柔軟に対応できるようになります。

私の場合、「やさしい社会を明石から」を目標にして、明石市長になってそれを実現することを目指しました。おかげさまで市長になりましたが、もしどうしても市長になれなければ、別の方法で「やさしい社会」が実現できないか、探ったと思います。

決めたことをつらぬき、やりとおすことは素晴らしいことです。

しかし、迷ったりうまくいかなかったりしたときは、自分が何を得たいと思っていたのか、その目標で得ようとしていたものは何なのか、もう一度じっくり考え直してみるといいでしょう。

「賢さ」とは、新しい問題を解いていく力

これからの時代、求められる「賢さ」とは何でしょう。

以前は、従来どおりをきちんと踏襲して進める「前例主義」、みんなを平等な状態にする「横並び主義」、上から言われたことをしっかりとやる「お上至上主義《かみ》」が重要とされました。

同じ状況が続く安定期や右肩上がりの状況では、そのやり方がいいのです。状況に対してきちんとした制度・やり方を引き継ぎ、全員に対して平等に対応する。それは大事なことです。

でも状況が変われば、当然対処の仕方も変わってきます。時代が大きく変化しているとき、とくに坂道を転げ落ちるいまのような厳しい時代には、以前と同じことをし

ていたらますますひどくなるだけです。時代が変わり、いままでのやり方に不具合が生じて転げ落ちているのですから、以前のままをただ続けるのは、愚策以外の何物でもありません。

私は市長を務めていたので、どうしても行政の例が多くなってしまって恐縮ですが、中央省庁の官僚から地方公務員まで、多くの公務員にはこの３つの主義が染みついているように見受けられます。

厳しい試験を突破して、国民のため、市民のために働くべき人たちが、古い慣習に染まり、せっかくの脳みそを活用しきれていないのです。

前例主義では、何か問題が起こったとき、過去の事例を調べようとします。「過去問主義」と言ってもいいかもしれません。

過去に事例があったらそれに置き換えて処理できますが、類似の事例がなかったらそこで止まってしまいます。すると変化の多い時代には、何をしていいかわからなくなってしまいます。また、「過去はこうしていたから」という考えが、新しい発想を縛ってしまうこともあります。

過去から学ぶのは大事なことですが、過去問をただ覚えるのでは意味がありません。

なぜなら、目の前にあるのはつねに新しい問題だからです。「目の前の状況と課題を見極めて解いていくのが、本当の賢さ」なのではないかと思います。

コロナ禍では新しい問題が噴出しましたから、国も自治体も大混乱になったことは記憶に新しいでしょう。「前と同じように」が通用しないときは、まわりをうかがいながらではなく、自分で目の前の問題を見て、考えて、対応していくことが必要です。そしてそうするには、脳みそをつねにフル回転させなくてはなりません。

これは前例主義、横並び主義、お上至上主義とは比べものにならないくらい、脳みそを使うと思います。もしかしたら脳みそを使っていない人たちからは、「あいつは生意気だ」とか、「わがままだ」とか、「身の程知らず」とか、いろいろと言われるかもしれません。

でもそれができることが本当の「賢さ」であり、いまの時代に必要とされるのではないでしょうか。

まわりの言うことに惑わされず、みなさんにはぜひ、脳みそを最大限に活用して、自分の目で見て、自分の頭で考えたことを実行していただきたいと思います。

勇気は必要ない

生きていくうえで、勇気はなくてもかまわないと思っています。

何かにチャレンジしなければならないとき、嫌なことに立ち向かわなければならないとき、人は「勇気を出そう」と思いがちです。

でも「さあ、勇気をもってやってやるぞ」なんてかまえてしまうから、余計に一歩踏み出すのが怖くなるのです。

もっと気楽でいい。

失敗したらどうしようと恐れたり、人からどう見えるかが気になったり、結果や外部からの評価を気にしすぎたりしてしまうと、身動きが取れなくなってしまいます。リスクが重くのしかかり、鋼の勇気が必要になります。

でも、そんな勇気は必要ありません。もっと自由に、気軽に、失敗を楽しもうという気持ちでいればいいのです。

失敗したって死ぬわけではありません。あなたがうまくいこうが失敗しようが、お日さまはいつもどおりに昇って、世の中は何事もなかったかのように進んでいきます。人生にはタイミングというものがあります。チャンスはいつでもやってくるとは限りません。勇気が湧いてくるまで待ってくれることもないでしょう。とりあえず踏み出してみれば、人生が大きく変わることもあると思います。

「ここはちょっと試してみようかな」といった気分で、一歩踏み出してみてはいかがでしょうか。「お試しキャンペーン」のようなノリで始めてみるのもいいと思います。ただ「失敗を恐れて動けない」というのは、社会の責任でもあります。人生うまくいかない、というタイミングでもきちんと生活できる最低限の基盤があれば、みんなもっとチャレンジしやすくなるでしょう。住宅補助があったり、学費や育児の手当が充実していたり。

それを変えていくのは国や自治体の役目です。でもそこに声をあげていくのは一人ひとりの国民です。

勇気を振り絞らずにやってみると同時に、「勇気を振り絞らずに行動しやすい社会とはどんな社会か」も考えてみていただけたらと思います。

可能性と限界を見極めて人生を彩る

自分の「可能性」と「限界」を意識することは、人生を楽しく生きるうえでとても大切なことです。

でもこれは「自分にできないとわかったら、すぐにあきらめろ」ということではありません。可能性と限界は、いわば表と裏のようなものです。状況が変わればさっと裏返されて、できなかったものができるようになり、できるものができなくなります。

ポイントは「できる・できない」の理由を細かく分けて考えることです。

まずは理論上の「できる・できない」があります。

たとえば「人はいつか死ぬ」ということは、自分がどうあがいても変えられないことです。道具なしに空を飛ぶこともできませんし、壁を通りぬけることもできません。

次は自分の能力の「できる・できない」。

たとえば、いまは泳げない人も、練習を積めば1キロメートル泳げるようになるかもしれません。でも、年を重ねて体が衰えていけば、そんなに長くは泳げなくなることもあります。自分自身の能力は、こんなふうにそのときそのときで変わっていきます。

そして、自分の置かれている環境での「できる・できない」もあります。

これも、時代・状況によって変わります。現状の日本の法律では禁止されていることが、外国に行けば合法のこともあるし、あるいは日本の法律が変わって合法になるということもあります。新たな制度ができることもあります。たとえば同性婚は日本の法律ではまだ認められていませんが、社会の変化に対応し、現在、各自治体でパートナーシップ制度の導入が広がってきています。また、会社や団体などで社員や仲間の数が増えれば、それまでできなかったことができるようになるというようなこともあるでしょう。

このように「できる・できない」を細かく分析してみると、気づくことがたくさんあります。

そして細分化したあとは、まず「できないこと」に焦点を当てて考えてみます。

それは「できないことを探して、すぐあきらめる」ということではありません。

・それはどう転んでもできないのか
・いまの状況ではできないが、場合によってはできるのか
・それには何をすればいいのか

そのあたりの可能性を一つひとつ検討してみるということです。

その次に、「できること」に焦点を当てて考えてみます。

それができるからどんな効果がある、などと小難しいことは考えず、とにかくできることを考えてみる。最初から可能性を狭めないようにするのがコツです。

些細《ささい》な例を挙げれば、「自分で自分の昼食を選ぶことができる」とか、そんなものでオーケーです。きっと、できることは意外にたくさんあると思います。

「あれができない」「これができない」とばかり思い悩むのは、せっかくの人生がもったいない。現状を整理し、「可能性」と「限界」の両方に目配りして、どう自分の人生を彩るか。旅行計画のようにわくわくと、ポジティブに考えてみましょう。

「せこい目標」で勝ちグセをつける

「夢はあってもなくてもいい」という話をしましたが、もし夢や目標があるなら、それに向かって頑張ればいいと思います。

私自身は「市長になる」という目標があったので、それに向かっていろいろとやってみました。そのときに意識していたのは「小さな勝ち戦を重ねる」ということです。

私は何をするにしても、まず具体的な目標を立てることから始めます。その際、その目標が本当に達成できるかどうか、えげつないほど調べつくします。つまり、「勝てるところ」を目標とし、その達成に向けてあらゆる手段を尽くしていきます。「目標達成型の人間」といったところでしょうか。

「有言実行」と言えば聞こえはいいですが、その実態は「実現できる範囲内に目標を立てているだけ」という、非常にせこい人間です。だから、私は子どもの頃から勝ち戦ばかりしてきました。あたりまえといえばあたりまえです。

でも、自分に勝ちグセをつけることは、それがたとえせこい目標の達成だとしても、意外に重要です。目標の達成、つまり勝ち戦をすることで、「ここまで自分はできるんだ」という証明が得られ、自信になるからです。

「自信」とは、字のごとく、「自分を信じること」。勝ち戦は、次のステップに行くためのモチベーションにつながります。

たとえば、私は小学生のときに野球チームに入っていましたが、そのときは地区優勝を目標に設定しました。そのために懸命に努力をしました。その結果、見事に地区優勝を果たしました。でも、市全体の大会では優勝できませんでした。できないと思っていたから、最初からそこまで目標にしてはいなかったのです。

中学校では柔道部に入り、明石市でいちばん強くなろうと目標を立てました。そして実際に、そのとおり優勝しました。でも、県ではベスト8どまりでした。そのときも最初から県での優勝は目標に設定していませんでした。

どれも自分を見つめ、「自分に何ができて、どこに限界があるのか」ということをすごくシビアに考えた結果です。

大きな夢をもつことは、それはそれで素晴らしいことです。

たとえば、サッカーの本田圭佑《ほんだけいすけ》選手は、小学生のときからイタリアのプロサッカーリーグ「セリエA《アー》」に行くと言っていて、それを実現しました。指揮者の佐渡裕《さどゆたか》さんも、小学生のときにベルリン・フィルハーモニー管弦楽団で指揮したいと言って、それを見事に叶《かな》えています。でもみんながみんな、子どものときの夢を叶えられるわけではありません。

大きな夢、目標がある。大変けっこう。

でも実現可能なせこい夢、身近な目標でだって、得られるものはたくさんあるのです。

目標までの道をできるだけリアルに思い描いてみる

目標があるのならそこに向けて進むのみですが、その実現の可能性を高めるのなら、そこまでの道のりをどれだけリアルにイメージできるかが大事です。

具体的には、いくつかの最終的な目標までに、細かく中間目標をつくるということです。

前に述べた「勝ちグセ」とも通じる話ですが、最終目標に向けて中間目標を実現していきながら、達成感とか勝利体験を積み重ねるということです。

中間目標を細かく立ててしまえば、あとはそれを淡々と実行していくだけです。

富士登山でイメージするとわかりやすいかもしれません。何合目というのを中間目標として「よーし、七合目までたどりついた。次は八合目に向かって頑張るぞ」といった感じです。

あるいは、詰将棋のイメージでもいいかもしれません。

私が明石市長だった頃、目標を掲げたことについて「挑戦」とか「チャレンジ」などとメディアに書かれることがよくありましたが、実際にはほとんど挑戦なんてしていませんでした。

まず状況を見て、「この手を打ったら次はどうなるか」といろんなパターンを考え、なおかつどんな状況になってもきちんと詰ませられるかを確認してから、ようやく一手目を置いていただけです。そのあとは一手一手、小さな目標を達成し勝利体験を重ねながら、大きな目標を達成するまでモチベーションを持続させていきました。

中間目標を設定するには、「自分の能力や権限、状況において、〝何ができて何ができないのか〟」を見定めることが必要です。

そのあたりがわかると、より具体的なスケジュールが組めるようになり、夢や目標がぐっと近づいてきます。しかし、それには相当な情報収集と整理が欠かせません。

たとえば私の場合、大目標は「やさしい社会を明石から」広げること。障害者の支援や子ども対策だけではなく、誰ひとり取り残さない社会を、明石でまずつくる。「明石市長になる」というのは、それを実現するための中間目標です。

しかし、市長になったからといって何でもできるわけではありません。市のことでも、市ではなく国や県に権限があることもあれば、民間だからやれるということもあります。私は国や県の動きを待たずに、市民にいちばん近い自治体として市民のための施策を打ちたかったので、まずは市としてできること、つまり市の権限を増やしたいと考えました。

そこで市長選挙の公約には「明石市を中核市にする」ということを入れました。

いまでこそ明石市は中核市（人口20万人以上の指定を受けた自治体）になりました

が、当時は中核市というと人口30万人以上。明石市は人口が規定に足りていなかったのです。市民のみなさんには、

「市長になったら、中核市指定要件の緩和を図り、明石を中核市にします。より多くの権限移譲も国や関係機関に要求していきます。中核市になったら、保健所を設置できます。児童相談所も市独自でもてます」

などと訴えて選挙活動をしました。

当選して国に制度改正を働きかけ、その甲斐もあり公約を実現、平成30（２０１８）年、明石市は中核市に移行し、県の権限の一部が市に委ねられることとなりました。

一方で、実現できていないこともあります。じつは教育に関する大事なことは県に権限があり、市は教育改革が十分にできません。市立学校でも先生の人事権は市長にはないのです。でも、できないことをあだこうだ言っていても仕方ありません。

こんなふうに、自分にできること・できないことの線引きを明確にして、できることをどうやっていくか。できないことについては無理をしない。そうやって考えてい

くと、目標の設定がより具体的でリアルになっていくのではと思います。

１００年カレンダーをつくってみる

中間目標の設定の仕方としては、目標の例が大きすぎたでしょうか。

もう少しやりやすい例を挙げると、「１００年カレンダー」のようなものをつくってみるといいのではないかと思います。

実際に私も子どもの頃からやっていたのですが、「何年のいつに市長になる」「そのために何年何月何日にどこで何をする」といった具合に細かく書きこんでみるのです。市長になってからもだいたい同じで、１年単位ではなくて、もっと長いスパンで目標設定をしていました。そして目標達成までの具体的な行動を、日付も入れて書きこんでおきます。そうすると、自分の中で目標へのリアリティが生まれてきます。

みなさんも、もし何かしらの夢や目標があるのなら、５年とか10年とか50年とか、長いスパンのカレンダーをつくってみてはいかがでしょうか。目標達成の年月日から逆算して、そのためにやらなければいけないことを書き出してみてください。そして、仮にでもいいので、日付と場所も入れてみましょう。

書いてみたら、その行動をしている自分の姿を想像してみてください。そのとき、自分はどこにいるのか、自分の目には何が見えているか。

カレンダーにできるだけ実効性をもたせるには、さまざまな方面からの徹底的な調査が必要です。大変面倒なことかもしれませんが、いつまでも漠然とした考えしかない状態では、決して目標を達成することはできません。

カレンダーに中間目標を書いていきながらリアルなイメージを積み重ねれば、あとはそれを一つひとつ実行していくだけ。あなたは確実にそこに近づいていけるはずです。

目標までの道のりを楽しむ

夢を描いたり目標を立てたりし、その道すじにリアリティをもたせる。

でもいざその道を歩きはじめると、壁にぶつかったり、想定外のことが出てきたりするはずです。それも一度や二度でなく、何度もあるでしょう。

でも、それはあたりまえのことです。そもそもゴールに結びつくはずのすべての道が前もってわかる人なんていないのですから。

私はいわゆる「目標達成型」の人間なので、目標を達成できない自分が許せません。でもその一方で、結果だけが重要だとも思っていません。

人生に対して自分なりの大局観をもちながら、「その目標に向かう途中にいる自分」も大切だと思っています。

だって、目標を達成したときしか幸せじゃないなんて、人生もったいないと思いませんか。その道のりを選び、その道を歩いている自分もやっぱり幸せだと私は思っています。

夢に向かっていて、それを叶える途中も楽しいことが積み重なっていくので、ただまっすぐ行ってもおもしろくありません。恋も、実るまでのほうが幸せだったりしませんか。少なくとも、「途中」でしか味わえない感情や体験、時間がたくさんあるはずです。

そのように考えれば、自分の置かれた状況を愚痴ることもなく、一日一日を楽しんで大事にできるようになれるでしょう。そうしながら、ゴールに向けて自分が大切に思っている夢を育てていくようなイメージです。

夢や目標を掲げると、ときとしてそれが重荷になったり、苦しくなったりすることもあるでしょう。でも、結果を出すことを重視しつつも、その過程を存分に楽しむことが大切です。目指すところに向かいながら、「いま」を楽しむというバランスを意識しましょう。

頑張ったからといって報われるとは限らない

「頑張ったからといって報われるとは限らない」

多くの方がそう思っているのではないでしょうか。

私はがむしゃらに勉強して運動もして、学校ではどちらも1番でしたが、一方で、障害のある子どもたちが必死に頑張っても歩けない、しゃべれないという姿も幼い頃

から見てきました。そういう理不尽さは、どうしてもあります。そうすると、

「頑張ったって無駄だ」

という発想も出てきがちですが、これは極端すぎる考えです。

「頑張れば全部が報われるわけではないけれど、ある程度は報われる」

というのが現実だと思います。

だから、頑張りが報われなくてひねくれるのも、頑張りはどうせ報われないからとあきらめるのも、どちらも賢明とはいえません。私はむしろ、そういう報われない努力を愛したい。

頑張ればある程度は望んでいることが実現するし、自分が思いもしなかった収穫があるかもしれません。夢や目標の実現の可否は置いておいて、苦痛でないのなら、頑張れるだけ頑張ってみるのがいいと思います。

夢のあり方、実現の仕方にもいろいろある

これまでは個人の夢の話をしてきました。でも「夢」とひと口に言っても、いろいろあります。少し大きな話をしましょう。

もしあなたが政治家だったら。

その場合は、「自分のための夢」を語るのではなくて、「人のための夢」を語るべきです。そして、「人のため」である以上、そこはしっかりと結果責任を負わなければいけません。それが本来の政治家の姿だと思っています。

また、「誰かといっしょに見る夢」もあります。

ほかの人たちと協力して夢を叶えるというものです。その場合、どんな夢にするのか、人から共感してもらえるのか、応援してもらえるのかを考えて、夢を設定していく必要があります。

もしあなたが企業の社長だったら。

その会社でどんな夢を叶えようとしているのか、社員たちに語る機会があるはずです。「みんなで金儲《もう》けをしよう」とはっきり言ってもいいし、「世のため、人のために貢献しよう」と言ってもいい。「会社は従業員のためにある」と言ってもいい。夢の語り方はいろいろあるはずです。

ただ、会社を成功させようとすることはもちろんですが、社員が共感するかどうかは、「その成功で社員が何を得られるか」ということ次第です。その設定が狭すぎると、ごく一部の人の共感しか得られません。かといって、広がりをもたせすぎると、ぼんやりと曖昧になって人の心に届きにくくなります。

個人ではなくまわりの人との夢を語るときは、みんなが得られるものをどう表現するか、その兼ね合いを考えることが大切です。

すべてを一度に実現させる必要はない

夢、目標をもって一生懸命頑張る。それはけっこうです。ではそれを実現したあとは、どうなるでしょう。燃え尽き症候群（バーンアウト症候群）なんて言葉もありますね。

私の話をすると、「やさしい社会を明石から」を市長になってやってきて、令和5（2023）年の4月末で退任しました。そしてどうなったか。

とくに何も燃え尽きていません。ちょうど60歳、還暦を迎えて、「これから2周目の人生が始まるんや！」なんて、逆にわくわくしています。

なぜそんなふうに思えるかを考えてみたのですが、おそらく理由は3つあります。

1つ目は、「市長」という枠が外れたことで、逆に自由にできることが増えたから。市長だと当然自分の市のために動くことになりますが、市長でなければ、ほかの地域のためにも、広くは国のためにも動けるわけです。

私の「やさしい社会を明石から」にはふたつの意味があって、ひとつはほかがやっていないことでも「明石から始める」ということ。そしてもうひとつは「明石から全国へ広げる」ということです。最初の「明石から始める」のほうを、おもに市長のときにやってきて、ある程度実現できたと思います。そして市長ではなくなったいま、「明石から全国へ」が思う存分できる状況です。

2つ目は、私がまちのためにやってきたことを見たり聞いたりして、子どもたちが志をもって将来市長になってくれたらいいな、という思いが生まれたこと。自分が政治を退いたときに思ったのは、「政治はそんな汚いものではなく、美しいもので、可能性の宝庫なんだよ」と伝えていきたいということだったのです。

そして３つ目は、市長としてではなく民間で、市民をサポートしていきたいということ。市長だった頃は公の立場として市民に何ができるかを考えますが、その縛りがなくなったいまは、たとえばＮＰＯ活動も積極的にできます。児童虐待や子どもの貧困問題ひとつとっても、民間が活躍する場面は多くあります。

つまり何が言いたいのかというと、大目標を達成するまでの過程で、完全には実践できないことがあったり、新しい目標が生まれたりしたら、それを心のどこかにしまっておくといい、ということです。

はじめから、あれこれすべて実現できなくてもいいのです。気負わなくていい。

前述の「自分にできることとできないことを見極める」という話にもつながりますが、まずはできることを一生懸命やる。自分のベストを尽くす。そこでこぼれ落ちてしまうもの、実現できないこともあるかもしれません。でもそれをあきらめて捨てるわけではなく、「なんとなく取っておく」。

するとその後、それに取り組む機会がやってくることだってあるのです。

夢・目標をつくるには

くり返しになりますが、私は「夢はもってもいいし、もたなくてもいいし、個人の自由」だと思っています。でも夢がほしい、目標をつくりたい、という方もいると思いますので、ちょっとヒントをお伝えします。

まず「できる・できない」は置いておいて、やりたいことを考えてみましょう。どんなことでもかまいません。それがぼんやりと出てきたら、それを実現するために自分に可能な選択肢をできるだけ多く書き出してみましょう。

たとえば、私は「やさしい社会を明石から」をやりたいと考えた。そこから市長になろうと思ったわけですが、「やさしいまちづくり」をする方法が市長になるしかないというわけではありません。

市民活動をするＮＰＯで働く。市議会議員になる。地方公務員になって市役所や県庁で働く。国会議員になる。官僚になる。ソーシャルワーカーになる。記者になってメディアをとおして市民に訴えかけていく。地元の店で地元の人たちのために働く。やりようはいろいろあります。

しかし私はその中から、市長を選びました。市長は仮に市議会に反対されても、政策の方針決定権があるため、政策を通すことができます。しかし、議員だとそれがなかなかできません。議会の多数派を形成し、総意を得ないといけないからです。

市長であれば、少数派でも私の強情なキャラクターと手腕があれば改革しつづけられると思いました。議会が全員敵でも、私にはやりきれる自信がありました。そして、市民を向いた施策を打ち出しますから、市民に受け入れられるという自信もありました。

こんなふうに自分自身の状況、キャラクター、能力などををシビアに見極めて総合的に考えて、市長になろうと思ったのです。

何かをやってみたいと思ったとき、それを実現する方法はひとつではないはずです。難しそうに思えても、やりたいことがあるのなら、すぐにあきらめてはいけません。徹底的に情報を収集して、自分の能力と状況を考えながら、自分に合う方法を探ってみてください。

やりたいことには恥を捨ててでもチャレンジする

何かに取り組んでいると、当然、失敗することもあります。一生懸命になればなるほど、失敗する回数も増えるでしょう。失敗するのが怖くてチャレンジできない、ということもあるかもしれません。

失敗するのは誰でも恥ずかしいものです。まわりの目が気になったり、大言壮語を吐いていた自分に嫌気が差したりしますね。それでも、やりたいことがあるなら、恥を捨てて自分が納得できるまで何度でもチャレンジしなさいと、私は言いたい。

かくいう私も、大学のときに大きな挫折を味わいました。

私は東京大学文科Ⅱ類（経済系統）に入学が決まると、駒場寮《こまばりょう》という学生自治寮で生活を始めました。駒場寮は当時、貧乏人ばかりがいる寮でした。

当時は共産党系の日本民主青年同盟（民青《みんせい》）という青年団体に力があって、各地の大学寮にあれこれ指令を出していました。私は仲間たちと民青の支配に反発し、

「自分たちの寮のことは自分たちで決めよう」

と学生たちに訴え、1年生で駒場寮の委員長に立候補し、当選しました。

その後、駒場寮の寮費の値上げに反対し、血気さかんな仲間たちと共に大学側に反発して、全学ストライキを決行しました。いわゆる「学生運動」です。

仲間たちは闘志が燃えたぎっていて、負けたら「自分たちが責任を取るに決まってる」と言うので、その心意気に後押しされ、ストを決行しました。しかし結局、大学相手には勝てず、私は責任を取って、退学届を出しました（ちなみに仲間たちは、誰もあとに続いてくれませんでした）。

その後、明石に帰って塾を開こうと思っていたのですが、大学の学部長が心のある方で、半年後くらいに電話をくれました。そして、

「学生運動の責任を取って退学というのは本当に君のやりたいことなのか。もし明石で塾を開くのが君のやりたいことなら、それでいい。でももしそうでないなら、みっともなくても、恥ずかしくてもいいから帰って来なさい」

と言ってくださったのです。

私の退学届は、学部長の心遣いで、まだ受理されていなかったのでした。そう言っ

ていただいたことで、私も腹をくくって、もう一度大学でやり直そうと思うことができました。

もしあのとき学部長が電話をくださらなかったら、私の人生はまったく違うものになっていたでしょう。

「みっともなくても、恥ずかしくてもいいから」という心ある言葉は、その後もずっと、私の指針のひとつとなっています。

この学部長の教えをそのまま、私からみなさんにお伝えしたいと思います。

「人生の師」を見つける

「人生の師」というのは、見つけようとして見つかるものではないかもしれません。

でもたとえば、自分にかけてくれた一言が心に残っているとか、その人の考えや振る舞いが尊敬できるとか、「こんなふうになりたい」と思うとか、迷ったときに教えを請いたくなるとか、そういう人は「人生の師」となりうると思います。

私にとっての人生の師は、政治家の石井紘基《いしいこうき》さんです。石井さんとの出会いは、石井さんが書かれた書籍『つながればパワー　政治改革への私の直言』でした。私がテレビ朝日に勤めていた頃、高田馬場にある書店でふとこの本を見つけて読んでみて、その人柄、熱意にひどく感動したのです。

「政治をあきらめなければ日本を変えることができる」という、石井さんの真摯な思いに感動し、いてもたってもいられず手紙を書きました。するとなんと、すぐにお返事をいただきまして、直接お会いすることになりました。なぜかそこで選挙活動の手伝いを依頼され、お引き受けすることになったのです。

選挙活動の手伝いをとおし、石井さんのそばでその行動を見、考えを浴びつづけたことは、私に大変な影響を与えました。

それまで私は、社会を変えようと思ったら、キューバ革命のときにゲリラ戦を指導し活躍したチェ・ゲバラのような革命家になるしかないと思っていたのです。

でも石井さんと共に過ごすうちに、正論で真っ向勝負するやり方でいいんだ、「人のための政治をする」という、まっすぐな熱意こそ強いんだと思うようになりました。「政治家になったときに世の中を知っていないといけないから」と、まず弁護士になって人のために本気で尽くすことを勧めてくれたのも石井さんです。もし弁護士になっていなかったら、法律や現行制度の不備のせいで受けるべき支援を受けられない人が大勢いることにも気づくことができなかったかもしれません。

石井さんと出会い、そばで過ごせたことは、私にとって大きな幸運のひとつでした。

みなさんも、もしそんな人に出会えたら、できる限りのことをその人から吸収し、学ぶことをおすすめします。

伝記や歴史から学ぶことはたくさんある

もし、まだ人生の師と思えるような人物に出会えていなければ、歴史上の人物などの伝記を読むのもいいと思います。

私は伝記が大好きです。子どもの頃、漫画の伝記を読んで楽しんでいましたし、いままでも楽しんでいます。

他人の人生というのは、参考になります。伝記はちょっと脚色されている部分もありますが、その脚色も含めて参考になるのです。人生の選択とか、そのときどきの判断の仕方とか、そこで何を優先させたのかなど、自分が生きていくうえでの考え方を学べます。

「伝記は他人の人生にすぎない」ともいえますが、「たかが人生、されど人生」です。他人の人生というのは、尊敬できるできないにかかわらず、ヒントになります。自分より時代的に少し前の歴史上の人物や、自分と少し違う、でも自分の進む道の先にいそうな人物などを目標にしてみるのは「アリ」でしょう。

伝記ではありませんが、私は学生の頃、ポーランドのレフ・ワレサという人に心酔していました。レフ・ワレサは1980年代に独立自主管理労働組合「連帯」を創設し、当時の社会主義体制を打倒すべく活動していた人です。民主化運動の先頭に立って1990年に大統領になりました。

このワレサは、大工の子に生まれ、電気技師として働いていた一労働者です。そんな一般人が一国の制度を変えていく様子を目の当たりにして、「社会は変えられるんだ」という勇気をもらいました。

同時期にチェコスロバキア（当時）でもヴァーツラフ・ハヴェルという人が中心と

なって民主化革命が成功しており、そういったことから「民衆の力」というのを教えてもらったものです。

また、日本の政治家の田中角栄《たなかかくえい》も、尊敬とは違うのですが影響を受けた人物です。

もともと私は「アンチ・田中角栄」でした。

田中角栄というと、新潟の農村地帯出身で54歳の若さで内閣総理大臣となり、非エリート・無学歴という庶民性で大ブームが起こった政治家です。日中国交正常化などを成し遂げた一方で、ロッキード事件（アメリカのロッキード社の航空機購入をめぐる国際的な贈収賄事件）で逮捕・起訴されました。そして実刑判決まで受けたにもかかわらず、直後の衆院選では総理大臣だったとき以上の得票数で当選。新聞やテレビなどのマスコミが叩きまくっている中で、です。

当時学生だった私は、それがなぜだか理解できず、そんな現実に無性に腹が立って、新潟まで田中さんに会いに行きました。事務所まで行ったところ、ご本人は不在だったのですが、事務所の方たちのお話を伺うことができました。

それで、田中さんがなぜ、そんな逆境下で当選したのかがわかったのです。

地元の人たちはみな、

「角栄さんのおかげで地元の山にトンネルができて、山向こうの病院に行きやすくなり、子どもが死ななくなった」

「お金の問題などあるかもしれないが、あの人は自分たちのために頑張ってくれた。だからいまこそ自分たちが恩返ししないと」

と口をそろえて言いました。

「地元の人たち、目の前の人たちに向きあえば、おのずと有権者はついてくる」ということを目の当たりにした瞬間でした。メディアがどれだけ叩こうが、有権者の心を摑《つか》んでいれば勝てる。そんな、政治家の神髄に触れられたと思います。

こんなふうに、自分が好きではない人からも学ぶ点はあります。

変に壁をつくったりせずに、さまざまな人からたくさんのものを得るようにすると、それらが人生の糧になっていくのではないでしょうか。

仕事はどうやって選ぶか

　この本を手に取ってくださったあなたは、まだ学生でしょうか。あるいは就職して社会人として生活しているけれど、「なんかいまやっていることにモヤモヤする」という方かもしれませんね。

　ということで、職業について考えてみましょう。

「自分はどのような職業を選んだらいいのか」あるいは「この職業のままでいいのか」。

　そういう問題の立て方よりも、

「どうやって自分の時間を過ごすのか」

「どうやって生活を成り立たせるのか」

という問題の立て方のほうが、実際的ではないかと思います。

　つまり、毎日生きていくうえで、「お金」と「時間」をどう使うかという問題です。

　自分の人生で、どういうふうに時間を使っていくのがいいかと考えてみてください。

　まず考えないといけないのは、「生活を成り立たせるために自分の食いぶちをどうにかする」ということです。

　たとえば一定時間働いて、どこかの組織からお金をもらうのか。

　あるいは自分でお金を生み出すかたちをつくるのか。

自分の好きなことでお金を生み出すのか。

それができないなら、どうするのか。

どういう時間の使い方をするかによって、かなり違ってくると思います。

もし親が金持ちだったら、親に甘えるのもいいと思います。あるいは自分の食いぶちだけでなく、親の介護とか兄弟の面倒を見るとか、人によって状況は違うでしょう。

自分はお金を稼がないといけないのか、稼がなくてもいいのか。1人分でいいのか、2人分でいいのか、それ以上なのかを確認します。

そのうえで、自分のしたいことはあるのか、ないのか。したいことがあるならやってみればいい。でも、そのしたいことで、お金を稼ぐことができるのか、できないのか。

そのあたりを一つひとつ整理してみてほしいのです。

周囲の声や社会の慣習などを前提として考えてはいけません。ひとまずそこは気にせず整理していき、自分にとって最善の方法を考えてみてください。

たとえば、音楽活動を楽しくやりたいと思っている人がいるとします。とりあえずのところ、「音楽をあくまで趣味にしてサラリーマンとして働き、空き時間に音楽活動しよう」と考えます。そんな中でも、自分の音楽をＹｏｕＴｕｂｅで発信してお金を稼げるかもしれません。いまの時代なら、ほかにも自分が思いもかけないような選択肢が見つかる可能性もあります。

さて、その場合に実際の職業を考えるとなると、公務員などの比較的自由な時間が取れる職業は、音楽活動と両立させやすいかもしれません。安定した収入も得られて、ひとまず生活の心配をすることもなく済みます。

その給料で自腹を切って音楽活動をしつつ、将来その音楽活動がうまくいったら、音楽に専念する道も出てくるかもしれません。

こんなふうに、生活を成り立たせるための働き口については、リアリティのある考え方で選択したほうがいいと思います。

公務員は、身分・生活の安定を考えて選ぶ人が多いように思います。それは当然悪いことではありませんし、それでいいと思います。その安定感でその人自身がハッピーになれるのであれば、それでいいんです。

大切なのは、「その選択によってその人が幸せを感じるかどうか」ということです。

安定した状況にいて、自分の残りの時間をどう使おうかと考えられる。それは楽しいことです。

でももし、そこで働いていることが「収入を得るため」だけで、その仕事に胸を張れなかったり、そんな状況にモヤモヤとしたりするなら、少しもったいない人生を過ごしているかもしれません。

その場合は、自分の時間の使い方を考え直してもいいと思います。

お金は、ないよりはあったほうがいい

お金というのは、生きていくうえでとても大事です。きれいごとだけ言って、生活が立ち行かなくなったらしようがないし、やりたいことを実現するために必要な費用もあるでしょう。だから、お金の問題はシビアに考えないといけません。

たとえば私は、衆議院選挙、市長選挙など複数回の選挙活動で数千万ものお金を使っています。選挙は1回立候補したら1000万円くらいかかります。資金をどこか

の企業に出してもらうわけにはいきませんから、弁護士時代、私はたくさん稼いでお金を貯《た》めました。

そのやり方はこうです。まず弁護士になったとき、私はほかの弁護士の8倍は頑張ろうと目標を立てました。なぜ8倍なのかというと、以前から弁護料の相場は高すぎると思っていたので、まず弁護料をほかの弁護士の半分にしました。弁護料を半分にした分は2倍働かなければ通常の収入になりません。そしてほかの弁護士の2倍、丁寧で質の高い仕事をしようと思いました。料金が安くても仕事が雑ではどうしようもないからです。そのうえで、選挙のための資金を貯めるべく、ほかの弁護士の2倍稼ごうと思いました。

つまり2×2×2＝8で、「ほかの弁護士の8倍頑張ろう」というのはそういうことです。

私は「世のため人のために働きたい」という思いと「金儲け」は両立できると思っています。悪いことをしなければお金は稼げないということはありません。いろんな稼ぎ方があるはずです。

もし目標があるなら、まず高い意識をもって、自分は何をすればいいのか考えてみましょう。そしてそこから逆算して、金銭面もリアリティをもって考えることです。

自分自身がどうやって食べていくかということは、すごく大事なテーマです。

自分の好きな趣味を優先するなら、お金は最低限でいいということにして、コンビニエンスストアでバイトしながら過ごすというのもひとつの選択です。自分でその選択をしたのなら、愚痴を言わずにそうするのがいいでしょう。何も悪いこと、やましいことはありません。

大切なのは、自分で考えて選択することです。

もしかしたら、あとからその選択が間違っていたと思ったりすることもあるかもしれません。そのときはもう一度、自分で正しいと思う道を選び直せばいいだけです。一生懸命考えて選んだのであれば、たとえ間違っていたとしても後悔しないはずです。

お金がすべてだとは思いませんが、やっぱりないよりはあったほうがいい。

そして稼ぎ方も、できれば人の理解・共感が得られるほうがより望ましいのではないかと思います。

依頼人に高い弁護料をふっかけていっぱい稼ぐことだってできますが、「それでいいのか?」という話です。そのバランスの取り方が大切です。

結婚を考えるとき

人生において、いろいろなタイミングでいろいろな悩みごとが出てくるかと思いますが、ここでは「結婚」についてお話ししたいと思います。

私は、結婚はしてもいいし、しなくてもいいと思っています。

結婚について悩むときに考えたほうがいいと思うのは、そもそも一言で「結婚」といっても、実際にはそこまでにいろいろな段階があるということです。

1、人を好きになるかならないか
2、付き合うか付き合わないか
3、婚姻届を出すか出さないか
4、いっしょに暮らすか暮らさないか

さらに結婚後は、

5、子どもをもうけるかどうか
6、もうけるなら何人か
7、ペットを加えるかどうか
という選択もあります。

しかもそれぞれの選択のあとに、さらにいろいろな選択肢が出てきます。どこに住むか、親といっしょに住むかとか、さまざまな枝分かれがあるのです。私たちには、そういったことを一つひとつ選んでいく自由があります。まわりの人や社会から「こうすべきだ」と言われることもあるかもしれません。でも、最終的にどれを選択するか決めるのは自分自身です。

とはいえ、「1、人を好きになる」だけは、選ぶ・選ばないという問題ではなく、「そうなってしまう」ものです。好きになってしまったらしようがない。

そして好きになったあとの選択肢は、自分の考えだけでは選べません。ここから先のことはすべて相手の考えもあることですから、両者が同意したときだけ選択できます。

「3、婚姻届を出すかどうか」は、「4、いっしょに暮らすか暮らさないか」が関係してきますが、「結婚していっしょに暮らさない」という選択もあるでしょう。「結婚しないでいっしょに暮らす」という選択もあります。時間と生活を共にするというのは大変な面もありますし、楽しい面もいっぱいあります。そこをどうするかの選択になります。

もちろん、「結婚してみてだめだったら離婚する」という選択もあります。

そして「無理して人を好きになろう」としなくてもいいと思いますし、「好きでなくても結婚する」という選択もあるでしょう。

もしかしたら「結婚」ということよりも、「子どもがいるかいないか」ということのほうが、人生においては大きな違いがあるかもしれません。

自分が選択できることは何なのか、まずはそれを理解しておく必要があります。

誰かを好きになっても、付き合うことはひとりではできません。片方が付き合いたいと思っても、片方が付き合いたくなかったら、できるものではありません。

私たちには選択できることもあれば、選択できないこともあります。それを整理したうえで、「自分自身が選択できるうれしさ」を感じながら、考えていくのがいいでしょう。

人生はどっちに行ってもいい

「人生設計」とは、今後の自分の人生をどう色づけていくのか、具体的に考えることです。

自分が社会人になってからの時間の過ごし方をどうするか。お金の稼ぎ方をどうするか。誰かといっしょに暮らすかどうか。結婚するのかどうか。

無数にある要素から、自分が望む選択肢をひとつずつ組み合わせていきます。

その人の状況によっても変わってきますが、広い視野で見ていけば、自分で決められることはたくさんあるはずです。一人ひとりに人生を選びとる自由があるわけです。

昔に比べていまの時代は、いろんなことについてはるかに自由に選べるようになりました。いろんな選択肢があって、多様な生き方ができるのです。

職種も、儲かるものもあれば、そんなに儲からないものもありますし、人から賞賛され、憧れられるものもあれば、あまり人から褒められることがないものもあります。

でも、いちばんに考えるべきは、「自分はどう思うか」ということです。

日本では大学に入学するときは、高校を卒業してそのまま入るのがあたりまえですが、ほかの国では、いったん働いてから大学に行くこともめずらしくありません。

大学は勉強したいなら行ってもいいですが、何もしないで4年間過ごすとしたら、大学にいる意味はあまりありません。留学してもいいし、休学か退学をして、別のことをやってもいい。興味のある分野が変わったのなら転部してもいいし、別の大学に行ってもいい。

就職してはみたものの、何か違うと思ったら、そこにいなくてもいいと考える人が増えています。もうすでに、就職したら一生同じ職場にいるという時代ではありません。転職してもいいし、起業してもいい。大学に戻ってもいい。

自分の心に忠実に、いい意味で「わがままに」なれれば、いまの時代はいろんな可能性が広がっているのです。

2

発想の転換で
ラクになれ！

「こうじゃなきゃいけない」と考えるな

発想の転換というと小難しく聞こえますが、要は「こうじゃなきゃいけない」「こうしなきゃいけない」という思い込みを捨てよう、という話です。

「同調圧力」という言葉がよく使われます。同調圧力とは考えや行動を「こうすべき」とまわりが暗黙のうちに強いてくることです。

第1章でも少し話しましたが、前例主義や横並び主義が強いと、このような圧力が発生しがちかもしれません。一方で、「〝こうすべき〟と、まわりから思われている気がする」という場合もあると思います。なんとなくまわりの雰囲気をうかがって、意識しすぎて、思い込んでしまう状況です。

どちらにしても、そんな状態では心が縛られてつらかったり、モヤモヤしたりするものです。でも、「そこにこだわらなくてもいいんじゃないか」と気づいた瞬間、私たちは自由になれます。

世の中には、いろんな「こうあるべき」があります。


「若者はこうあるべき」

「男はこうあるべき」

「女はこうあるべき」

「家族はこうあるべき」

「子どもはこうあるべき」

とか。


少し細かいものを挙げてみましょう。みなさんもちょっと考えてみてください。


「学校に行くべき」

「制服のスカートは膝が隠れるようにすべき」

「野球部員は丸刈りにすべき」

「会社を休まず働くべき」

「上司よりあとに帰宅するべき」

「結婚するべき」

「赤ちゃんは母乳で育てるべき」……

こうやって列挙して眺めてみると、なんだかバカバカしくなってきませんか。昔ながらの考えに沿ったまわりからの「こうすべき」は、もはや私たちの行動を縛る理由にはなりえません。

ましてや「みんながそうしているから〇〇すべき」は、合理性がないも甚だしい。「から」の前後には、これっぽっちの関連性も見出せません。

正直な話、こんなことは「どうであってもいいし、どうでなくてもいい」んです。自分はどうしたいのか。なぜそう考えたのか。

そっちのほうが世の中にあふれる「〇〇べき論」より間違いなく合理的です。

いまも時代は揺れ動いて変わりつづけています。まだ一部に抵抗感をもっている方もいますが、時代の変化とともにこれから変わっていくことでしょう。

発想の転換で、あたりまえとされている考え方をひっくり返すことができれば、気持ちも一気に変わります。「こうでなくちゃいけない」という思い込みに「そうでなくてもいいんじゃないか」と気づいた瞬間、私たちは自由になります。

それまで固執していたやり方は「選択肢のひとつ」になり、こうした心の整理があなたを自由へと導いていくはずです。

人が見ている世界はごく一部にすぎない

人が見ている世界は、そのごく一部にすぎません。これには「エリア」と「視点」のふたつが関係しています。

まず「エリア」ですが、これは自分の暮らしている場所の問題です。

私たちは日本に暮らしているので、「日本のあたりまえ」が「世界のあたりまえ」のように思っています。でも、場所が変われば違うことはたくさんあります。

ちょっとエリアを広げて見るだけで、次々と新しい発見ができます。そんな体験を一度でもしたことのある人は、いかに自分の見ている世界が狭いかわかっているはずです。

たとえば、あなたは砂漠の中に立っているとしましょう。水筒に水は少ししか残っておらず、オアシスがどちらの方向にあるのかわかりません。しかも、いったん歩きはじめたら、後戻りする余裕もありません。かといって、その場にとどまったままでは、水はいずれなくなります。

もしこのとき、鳥のように空の上から砂漠を眺めることができれば、オアシスのある方角を見極めることができます。

広い視野で見ることが自分を助けてくれるのです。

これは私たちの社会でも同じことがいえます。誰もが砂漠しか見えていない状況で、ひとりでも「鳥の目」をもって見られる、つまり俯瞰することができれば、多くの人をオアシスへと導くことができます。

もうひとつの「視点」は「角度」と言い換えてもいいでしょう。人がものを見るとき、「限られた角度からしか見ていない」という問題です。

たとえば、あなたがテーブルの上にあるリンゴを見るとき、リンゴの向こう側はあなたには見えていません。一方、あなたの反対側に立っている人は、リンゴの向こう側は見えても、こちら側が見えていません。あなたからはおいしそうなリンゴに見えても、反対側は虫に食われているかもしれません。

具体的な物体の例を出しましたが、社会的属性という立ち位置の違いによっても、同じことが起こります。

学生だったら学生の立場から、20代だったら20代の立場から、会社員だったら会社員の立場からというように、どうしても自分の属性からものを見がちなのです。身体的な違い、性の違い、職業や環境、年齢や趣味嗜好の違い……視点は無数にあります。

当然、異なる属性の人は見ているところや、見えるものが違います。そればかりか、価値観も違ってくることでしょう。

だから、私たちはつねに自分を過信しないようにする必要があるのです。

「自分がいま見ているもの、見えているものは全体像の一部でしかない」ということを忘れないようにしなければいけません。

世界と歴史の変化を意識する

歴史の変化を意識、なんて言うと大仰に聞こえますが、「時代が変化していく途中に自分たちがいることを自覚しよう」ということです。

世界の中に、そして歴史の中に私たちはいます。そして世界はつねに動いています。ですので当然のことながら、これからどう変化していくのか先が読めれば、自分たちがどう行動すべきかもわかってきます。

たとえば私は市長だったとき、まずは地球儀を見るように俯瞰し、日本のほかの地域や世界の国、都市に視野を広げてみました。そうすると、自分たちのまちに必要ないろいろな政策が具体的に見えてきます。

たとえば明石市で実施した無料のおむつ定期便は、滋賀県の東近江《ひがしおうみ》市がすでに行っていました。その制度をバージョンアップして、ただ届けるだけでなく、子育て経験のある人を担当者にして、毎回同じ人が届けて話を聞けば、育児をしている人も助かるのではと考え、自分たちの市により適応させるかたちで導入しました。

離婚前後の子どもの養育費の立て替えも開始しましたが、これはもともとヨーロッパで行われており、それがお隣の韓国に導入されたものを、輸入しました。これは韓国の制度に準じて行っています。

ソウル市では中学校の給食費無料化も行っていたので、それも導入しました。

生理用品の無償配布はニュージーランドをまねて、全市立学校の女子トイレに生理用品を置いています。

各種審議会に障害のある人を1割以上入れること、という条例も全国初でつくりました。これはルワンダの憲法を参考にしています。

地球儀をぐるっと見まわして、世界のどこかですでに成功実績があり、市民にとって「これいいな」と思った施策をまねているだけなのです。

日本だけ、自分の近くだけを見て考えていると、「これはできない」「あれもできない」となってしまいますが、視野を広げてみると、「えっ、これやってる国あるやん」「これもできるんちゃうか」となる場合がけっこうあるのです。

令和5（2023）年6月にようやく国会で成立したLGBT理解増進法も、G7（先進7ヵ国首脳会議）の国で制度がなかったのは日本だけでした。

世界をぐるっと見たら、次に、日本における状況を見ます。社会の情勢や世論を見て、受け入れられそうなタイミング、その風はいつ日本に吹くだろうかと先を読んで、政策を打つのです。

たとえば、令和4年、国が支給する児童手当について、明石市では独自に高校生世代まで対象を広げることに決めました。「もうすぐ時代が追いついてくる」と読んでいたからです。その後、東京都でも同様の施策の導入が決定されました。明石市で平成28（２０１６）年から実施している第2子以降の保育料無料化も、その後、ほかの自治体でも採用しはじめています。

時代というのは必ず変わっていきます。人の価値観も移り変わっていきます。同性婚だって、少し前までは多くの人が「ノー」と言っていたのに、いまは少なからぬ人が「いいんじゃないかな」という時代でしょう。

男性が家事育児をすることも、上の世代だとまだ「ノー」かもしれませんが、それこそみなさんの世代では多くの人が「イエス」なのではないでしょうか。

時の少数者が時代の移り変わりとともに多数者になっていくのが歴史の流れ。いまの時代の少数者は将来の多数者になり、いまの多数者は将来の少数者になる。多数者がずっと多数者であることはなく、歴史の中で入れ替わっていくものなのです。

アンテナを張って地球規模で広く世界を見ること、そして歴史が動いていくという時間の流れを意識することで、多くの思い込みを取り払うことができると思います。

選別された環境の落とし穴

視野の広さでさらにいうと、自分の育ってきた環境も影響してきます。自分の生まれ育つ環境は自分では選べませんから、まずは「自分の知っている世界がすべてではない」と意識することが大事です。

たとえば、学校は公立だろうが私立だろうが、どこに行くのもアリ、個人の自由です。

ただ、それこそ私立の進学校といわれるような学校に行くと、同じような高い収入で、教育意識の高い親のもとで育った人間ばかりが集まります。それはそれで悪いことではないのですが、「その狭い世界であたりまえ」のことは、「一歩出ると、まったくあたりまえでない」なんてことはよくあります。

同質性により閉じた世界にいると、多様性に富んだ世の中全体が見えにくくなる可能性が高いということです。

私が東大にいたときにすごくもどかしかったのは、自分たちの能力を世の中のために役立てようとしていない、そんな学生たちが一定数いたことでした。

その人たちは将来の出世のことばかりせこく考えていたようです。出世主義の両親のもとで育ってきて、家庭教師をつけてもらって進学校に行って、ゴルフ部に入って、その先輩に引っぱってもらって中央省庁に行く、みたいな人たちです。

「何のために勉強しとんねん！　世の中よくするためやないんか！　そんなんで人生楽しいか！」

と思いました。

「せっかく勉強して東大に合格するだけの能力があるのなら、その力をもっとみんなのために生かそうよ」

「せこい将来設計なんてしていないで、困っている人を助けるとか、もっと世の中を変えていったほうが楽しいんちゃうの」

とも思っていました。

そんな人たちが中央省庁に行っても、「国民」のためのことなんてできるわけがありません。だって多くの国民の実態を知らないのですから。

私はというと、貧しい漁師の家に生まれたことは前述のとおりです。父は小卒、母は中卒で、会話で使う言葉も小学生レベルくらいにしないと難しいし、弟は障害者です。でもそういう庶民の生活、また少数者の生活を「肌感覚として知っている」というのは、まちづくりをしていく際には大きな強みになったと思っています。

くり返しになりますが、進学校に行くな、と言っているのではありません。大学だってそうです。ただ、

「試験や家庭の経済力で選別された環境にいるあいだは、見ている世界が狭いかもしれない」

と自覚しておく必要があるということです。

「親ガチャ」のアタリハズレを言い訳にしていないか？

「親ガチャ」という言葉をよく耳にするようになりました。たしかに、「ランダムで

出てくるので自分では選べない」ガチャガチャのように、生まれてくる子どもは決して親を選べません。容姿や身体能力などの遺伝的なものや、金持ちかそうでないかといった家庭環境も子どもが選べるものではありません。運しだいで「アタリ」か「ハズレ」かが決まる。うまいことを言うものだなと思います。

ただこの言葉は、「親ガチャに当たった」なんて言い方はほとんどされず、あきらめやいらだちをこめて「親ガチャに外れた」などと言われることが多いようです。

私は「親ガチャ」という言葉にはよい面と悪い面の両方があると思っています。

家族内で虐待があるような場合は明らかに「ハズレ」だと言っていいかもしれません。でも実際は、この言葉がそれほど大変でない状況で、「あきらめや自分に対する言い訳のように使われている」ように見受けられます。

私の場合を言えば、貧乏な家庭環境に育ちました。一般的に、これは「ハズレ」と言えると思います。ところが、ここからが発想の転換のしどころです。

選挙では、「ハズレ」であるこの貧乏が、大きな武器に変わります。というのも、どれだけ人々の共感を得られるかが重要だからです。貧乏話は人々の共感をよびます。実際には、貧乏の話そのものよりも、貧乏でくやしかったことや苦しかったことがみんなの共感をよぶようです。そもそも富裕層は国民の1割にも満たないのですから、当然といえば当然です。

一方、裕福な家庭で育った「アタリ」候補者は、少なくとも自分の経歴についてはそれほど語ることがないように思います。選挙で「私は金持ちの家に生まれました」なんて言ったら、人々から反感をもたれることでしょう。

これはあくまでも一例ですが、家が貧乏だからすべてマイナスかというと、決してそういうわけでもありません。貧乏だから大切なことに気づくこともあるし、「貧乏だから頑張ろう」という動機につながることもあります。「親の年収が子どもの学歴に影響する」という統計はありますが、親ガチャが「ハズレ」だったとしても、それで自分の人生をはじめからあきらめるのは、もったいない気がしてなりません。

よく「やる気スイッチ」なんて言いますが、厳しい環境があってこそ、心がふるえるような気づきや自分自身の頑張りにつながることもあると思います。

「親が子どもに理解がない」という理由で、自分の道をあきらめようとする人もいるかもしれません。

でも、考えようによっては、親に中途半端な理解があると、子どもはかえって親に気をつかって、顔色をうかがいながら自分の道を決めてしまうこともあります。

そういう意味では、いっそまったく理解がない親のほうが自由にできるものです。

だから、親がまったく無関心ということも、必ずマイナスになるとは限りません。

「うちは貧乏だから」とか、「親の理解がないから」とか言うのは個人の自由です。

でも、そのときに少し考えてみてください。

もし貧乏でなければ、人生はよりよくなったのでしょうか。親の理解があったら、人生は成功したのでしょうか。

冷静に考えてみて、もしそれが「自分が何かをできていないこと」に対する言い訳だとしたら、「やる気スイッチ」を入れるべき時期が来たということなのかもしれません。

さらにいうと、本当に「ハズレ」だとしても、「この親でなければ」と不満を言うより、「生まれた家庭環境によって自分の道を閉ざすような社会」のほうに目を向けて、そんな冷たい社会を変えていく方向へと、発想を転換してはいかがでしょうか。

誰もが多数者でもあり少数者でもある

世界中を探してもまったく同じ人はおらず、同じ顔はふたつとないと考えれば、すべての人がオンリーワンといえます。

そして人は必ずマジョリティ、つまり多数者の面と、マイノリティ、少数者の面の、両方をもっています。

日本に居住する多数者は日本国籍をもつ人で、少数者は外国人や在日韓国・朝鮮人などです。身体的な面から見ると多数者は健康な人で、少数者は病気や障害を抱える人。性的嗜好での多数者はヘテロセクシュアル（異性に性的感情を抱く人）で、少数者はＬＧＢＴＱ＋（レズビアン・ゲイ・バイ・トランスジェンダー・クエスチョニング／クィア）です。

こうして身体的なこと、能力や性質のこと、所属、所持物など、さまざまな項目分けをして一人ひとりを見ていくと、すべてがすべて多数者側の人はまずいないと思います。

いまいち実感が湧かない人のために、もう少し具体的に述べてみましょう。

あなたの身長は平均的ですか？　体重は？　顔だちは？　性格は？　何年生まれですか？　大都市出身ですか、地方出身ですか？　大企業に勤めていますか、それとも中小企業、あるいはフリーランスでしょうか？　既婚ですか、未婚ですか？　子どもはいますか？　持ち家ですか、賃貸ですか？　親は元気ですか？　両親そろっていますか？　介護が必要な家族や親戚がいますか？

自分の少数者の面を自覚し、それを意識しつづけることはとても大切です。

私の弟は障害があるので、子どもの頃、みんなといっしょに旅行に行けなかった記憶があります。「しようがないよ」と、言われることがよくありました。

しかし私は、その「しようがないよ」に強い怒りを覚えました。

なぜいっしょに行けないのでしょうか。足が不自由だと通れない場所があるからでしょうか。何かあったときに責任がもてないからでしょうか。

旅行にいっしょに行けないことは本当に「しようがない」ことだったのでしょうか。

このように実際に「外される」側の体験をしたことは、その後の私の人生にとってすごく重要だったと思います。つねに「排除される側の危機感」というものを自分の中にもてたからです。

誰かを「しようがない」と言って排除する。それはつまり、「いつか自分が同じように排除されるかもしれない」ということと隣り合わせです。

誰かを排除してもかまわないという社会は、自分が排除されるかもしれない世界でもあります。他人事ではなく、自分のこととして考えてみればわかるはずです。「誰も取り残さない社会」が理想的なのは、慈善事業でもなんでもなく、自分自身のリスクヘッジにもつながるからなのです。

「いまの若者は……」は年長者の戯言《ざれごと》

いつの時代も年長者は「いまの若者は……」と言うものです。そういった小言を真に受ける必要はありません。

世代間にギャップがあるのはあたりまえのことです。育った時代が異なれば、社会情勢も文化も価値観も変わるので、当然ギャップも生まれます。

年配者の大好きな「年長者が偉い」という文化も、もうかつてのものと言っていいかもしれません。年長者を敬わないと怒る人たちはまだまだ多くいますが、それでもだいぶ薄れてきているように感じます。

いまだに続く、日本の不合理な慣習の例をひとつ紹介しましょう。

相続についての歴史を見ると、日本のような家父長制が根強く慣習として残っている国はあまりありません。

家父長制というのは、一家の長である男性の家長が家族に対して専制的な権力をもつ制度です。相続は兄弟の中で最年長の男性が受け継ぐ長子相続です。戦後の民法改正で制度としてはなくなっているのですが、いまだに慣習として残っています。ほかの兄弟、姉妹でも相続できるほうが当然、家族としても個人としても選択肢の幅が広がります。いちばんに生まれたというだけで相続するというのは、冷静に考えて、かなり不合理だと思いませんか。

これは先に述べた「日本のあたりまえは世界のあたりまえではない」のいい例でもあります。

視点を広げてほかの国を見てみると、「末子《まっし》相続」か「婿取りの相続」が多いようです。

婿取りは、その家で生まれた女性が婿を取ることですが、その家の女性が最適な人間を選んで婿とし、家の財産を引き継がせることができれば、財産を守るという観点でいえば、大変合理的です。

この例ひとつをとってもわかるように、日本で受け継がれてきた文化や風習は、意外に不合理なことが多くあります。

「われわれの時代はこうだった、それに比べていまの若者は……」などという言葉の当てにならなさもよくわかるのではないでしょうか。

前例主義一辺倒がよくないのも明らかです。

自分たちの「あたりまえ」を下の世代に押しつけるのは年長者の性《さが》かもしれませんが、そう言われることを気にしないのと同時に、自分も年を重ねてそのようにならないよう、見方も考え方もつねに柔軟にしておきましょう。

「あたりまえ」は思考停止の裏返しかも

日本の風習の不合理さの話と関連して、もうひとつ「あたりまえ」を疑ったほうがよさそうな例を挙げておきます。

日本の財政の悪化は、もうずいぶん前から言われています。租税負担率と社会保障負担率を合計した国民負担率はというと、令和５（２０２３）年度で46・８％という財務省の見通しです。収入の約半分です。

そんなときに、政治家が何を言うか。「新たな対策のために増税を」です。財政が悪化していると日々聞かされつづけていると、みなさんはそれもやむなしと思ってしまうかもしれません。でも私はその発想は「おかしい」とはっきり言わせていただきます。

「お金がないから増税します」

などということは、誰にでもできます。言葉は悪いですが、「どんなバカでもできる」。

国家を担う、優れた頭脳をもつはずの人が言うべき言葉ではないのです。

国民はすでにもう十分な額を納めている、先払いが済んでいる状態なのです。ですからそれをどうにかやりくりして、国民にそれをサービスという形でお返ししていくのが本来の役目のはずです。

「大変な時代だし、仕方がない」と思っていたとしたら、それはみなさんのほうが思考停止してしまっているということです。

こんな些細な（でも大事な）ことから、「あたりまえ」を疑って頭をやわらかくしていくことが大切です。

「四面楚歌」は「絶体絶命」ではない

変な話ですが、「四面楚歌」という状況が、私はすごく好きです。

そういった厳しい状況にならないと、自分の細胞が目覚めないと思っています。

四方八方を敵に囲まれて「いよいよや」と思うと、全身の細胞がプリプリプリプリと目覚めて湧きたってくる気がするんです。

「さあ、どうしたろか。空でも飛んだろか、地下にでももぐったろか」

そんなふうに考えます。

人間、使っている細胞は一部だと言いますが、そのとおりだと思っています。ピンチにならないと働かない細胞があるという感覚です。

四面楚歌というのはまわりが敵や反対者ばかりで孤立無援という意味ですが、四方を囲まれていても、まだ空がある。地下がある。敵を寝返らせて味方にしたっていい。

そんなふうに発想を変えると、活路が見えてきます。この状況をどうしようかと、頭はフル回転です。

四面楚歌だと思っても、「これで終わり」ということではありません。むしろ「そこからが勝負どころ」。「ピンチはチャンス」なんて言葉もありますね。

もし「四面楚歌だ」と思うような状況になっても、あきらめないでください。追いこまれれば追いこまれるほど細胞は目覚めてきて、きっと活路が開けるはずです。

針の穴を通すことは難しくない

実現困難なことを「針の穴を通すような難しさ」とたとえて言いますが、私はいつも、「針の穴を通すことがいちばんかんたんだ」と言っています。

なぜなら、ただ「針の穴に糸を通す」という作業をすればいいわけで、やるべきことがはっきりしているからです。

たしかに針の穴に糸を通すのは指先が器用でないと時間がかかりますし、糸の先がまとまらないとか、目が悪くて見えづらいとか、困難はあります。でもできないわけではありません。

１００本の針に糸を通す作業だとしても、根気よく1本ずつ通していけば必ず終わります。時間の制限がなければ、こんなかんたんなことはありません。

「１００本の針の穴を通すようだ」などと言われると、やってみる前から「自分には到底無理だ」と思ってしまいがちですが、冷静に考えて、無理なことでしょうか。いざやってみれば、じつはそれほど難しいことではないと気づくはずです。

むしろ、何から手をつけたらいいのかわからないことを達成するほうが困難ではないでしょうか。何をすべきかというところから考えなければならないからです。一方で、やることがはっきりしていて、それを着実にやっていけばたどりつけることなら、必ず達成できるはずです。

受験、就活、新しいプロジェクトなど、人生には「針の穴を通すような」イベントがしばしば現れます。

もしそれが自分のやりたいことなら、よく調べもせずに「できない」と決めつけてしまうのは、あなたの人生にとって非常にもったいないことです。もしかしたらその難しさというのは「たどりつける」類いのことかもしれません。

言葉の印象に惑わされてはいけません。同様に、困難さの印象に惑わされてもいけません。困難にぶつかったときは「難しい！　ダメだ！」ではなく、どのようなところが困難なのかを見極めましょう。順を追えばできることなのであれば、あきらめる必要も、焦る必要もありません。

てるてる坊主には祈るな

てるてる坊主は、「明日晴れるように」と願いを込めてつくられます。日本に昔からある風習ですし、てるてる坊主をつくったことのある人はとても多いと思います。

でも私は、てるてる坊主が大嫌いです。なぜかというと、「他力本願だから」。

しかも、てるてる坊主をつくっても、肝心の天気が変わる保証はないのです。

たとえば、運動会の前の日、天気予報に雨マークが出ていたとします。そうするとつい、てるてる坊主をつくりがちですが、やらなければいけないのはそこではありません。

「てるてる坊主をつくっているひまがあったら、雨が降ったときのことを考えようよ」

と思ってしまいます。

雨天でも決行なのかどうか。順延だったらいつにするのか。体育館で実施するなら、椅子を並べておかないといけない。プログラムにある競技の数を減らさなければいけないかもしれない。

そういったことを考えるべきだと思うのです。とくに自分がリーダーの立場にあったら、なおさらです。

晴れることを祈るのもいいですが、雨になったときに備えておくことが、まさにリーダーのすべきことです。リーダーは状況を把握し、判断して、解決に導きます。つねに意識すべきことは、現状の問題に対して、その解決が自分にできるのか、できないのか。解決できないとしたら、それで耐えられる状況なのか、そうでないのか。耐えられないのなら、どうすればいいか。

事前に自分たちができるベストを考えておくということです。少なくとも自分で天気を左右することはできないのですから。

厳しい時代だからこその楽しさがある

災害、経済成長の低迷、人口減少、政治不信、凶悪事件……社会に渦巻く不安は挙げればきりがありません。

みなさんも、生まれてからずっと「失われた三十年」とも言われるような低成長時代を生きてきて、賃金は安いし、税金は高いし、将来に明るい夢など描けないかもしれません。

しかし私は、「いまは本当に楽しい時代」だと思っています。先に挙げたことがウソだというのではありません。ただ、それは一面であって、いまの時代のよいほうの面にも目を向ける必要があると思うのです。

昔に比べれば、同じ価値観を強制されることがだいぶ減ってきました。まだまだ過渡期ではありますが、いろいろな生き方が許されつつあります。

どんな学校に行くのか、行かないのか、働き方、転職、結婚するかどうか、子どもをもうけるかどうかなど、「人それぞれ」という考え方が少しずつ浸透してきています。

障害についても、ジェンダーについても、少しずつではありますが社会の理解が進んできています。

「いままでと同じことを続けていきたい」「従来どおりがいい」という考えだと、いまはますます苦しい時代に感じるでしょう。「過去問主義」では、先がわからない時代は、解けない問題ばかりでつらくなります。知識を詰めこむような学校の勉強だけでは、それが問題かどうかさえわからないことが山ほどあります。

けれども、「これまでとは違う、もうひとつの時代が到来した」と考えればどうでしょうか。これまでがどうであろうが、これからつくればいいわけですから、チャンスはむしろ広がっているといえます。

そしてあなた自身も、これからスタートを切るわけです。そう考えれば、楽しい時代だと思いませんか。

「いまの時代は厳しくて大変だ」と考えるのではなくて、「厳しいからこそ愉快だし、可能性が開かれている」と考えるのです。

悲観する必要はありません。大事なのは捉え方です。気のもちようひとつで、世界がまったく変わって見えます。これからどんな思いで生きていくのか、自分自身で選ぶことができるのです。

いまの時代は「可能性の宝庫」

いくつになっても「自分」にはさまざまな可能性があります。

だからこそ人から話を聞いたり、本やインターネットで調べたりして、自分の中にいろんな引き出しをもっておくことが大切です。

前でも述べましたが、自分が住んでいる地域とは違うところで起こったことや、自分が生きている時代とは違う年代など、自分を取り囲んでいる状況から離れた情報を知っておくと、可能性は一気に広がるものです。

そして、そういった引き出しが多ければ多いほど、自分の人生に役立ちます。視野も広くなり、頭が柔軟になります。

そういう意味では、いまは本当にいい時代です。かつて、情報を得るには、高いお金を出して本を買わなければなりませんでした。でも、いまはインターネットを使えば、多くの情報を無料で得ることができます。

そればかりか、自ら発信することだって、いまはＳＮＳなどでかんたんにできてしまいます。かつては新聞社やテレビなどの大マスコミ以外ではなかなかできなかったことです。

音楽活動ひとつとっても、ＹｏｕＴｕｂｅやＴｉｋＴｏｋなどでいきなりブレイクできるわけですから、ほんの十数年前と比べても、ものすごく可能性が広がっている時代だといえます。

この時代に生きる私たちは、それを生かさない手はありません。

インターネットやＳＮＳは、フェイクニュースや情報の氾濫、迷惑行為の動画の拡散など、ネガティブな面もあります。でもそれは一面にすぎません。そういった面を知りつつ、付き合えばいいだけの話です。

情報収集や発信の手軽さという点を考えると、「何かを発信したい」「社会に働きかけたい」と思うとき、現代はまさに、可能性の宝庫です。

幸せは意外と近くにある

私は新幹線の窓から富士山が見えたら、それだけで幸せです。3日くらい幸せになってしまいます。きれいな夕焼けが見られただけでも幸せです。子どもの頃から、朝、目が覚めると、もうそれだけで幸せを感じていました。

朝、目覚めると、「ああ、自分は生きているんだな」と実感します。そして、「また今日一日、自分は人生を続けられるんだなあ」と思います。

私の弟は障害がありましたし、それがきっかけでたくさんの障害のある方たちとずっと付き合ってきたので、とくにそう思うのかもしれません。

人は、いつ死ぬかわかりません。たとえ今日元気でも、明日になったらいつものように目覚めることはなく、自分の人生が終わっているかもしれない。

明日が今日と変わらずに来る保証なんてどこにもないのです。

今日見た夕焼けが生涯最後の夕焼けに、なんの気なしに食べた夕ご飯が「最後の晩餐」に、「じゃあね」と別れたそのときが今生《こんじょう》の別れになるかもしれないのです。

だから、「自分がいま生きていること」に、私は猛烈に幸せを感じます。「生きてるだけで丸儲け」などと言いますが、まったくそのとおりです。

朝、起きると、昨日までと同じ自分がそこにいて、今日もまた一日、何かができる。ご飯を食べることもできて、トイレに行くこともできる。

そうした些細だけど素晴らしい日々の中で、ちょっとずつ、変化させることもできるのです。

今日の昼ご飯はきつねうどんをやめて、天ぷらそばを食べたいと思えばそうすることができるし、食べるのをやめてお金を貯めようと思えばそうできる。通勤時に通る道を変えてみる。ふと見たお店に立ち寄ってみる。

私たちは、こうして自分の人生を自ら選んでつくっていけます。

ともすれば見落としがちですが、これは大変な幸せだ、と私は思うのです。

旅で違った視点を得る

広い世界には制度や習慣など何もかも異なる場所があり、自分がふだん暮らしているところの文化や価値観が絶対ではなく、ほかの国や地域がとても身近に感じられるようになるという点で、旅というのはとてもいいものです。

ぜひみなさんには、ツアーなどではなく自分ひとりで、一度は旅に出てみてほしいと思います。

私の場合、大学時代にバックパッカーとしてよく旅をしました。

学生運動が失敗に終わり、大きな挫折感を抱えて、なかば失意のまま、現実から逃げるように旅に出たこともありました。

Tシャツにジーパン、かばんがひとつと寝袋。当然スマートフォンなどもない時代ですし、海外旅行のガイドブックもまだほぼないような時代でしたから、いま思えばなかなか無謀です。でもこの体験が、いまの自分に大きな影響を与えました。

私はまず飛行機でバングラデシュへ行き、そこからインドに入りました。当時、写真家の藤原新也《ふじわらしんや》さんの『メメント・モリ』という本をバイブルにしていた私は、どうしてもインドに行ってみたかったのです。

メメント・モリとはラテン語で「死を想え」という意味。そしてこの本の広告に使われていたのが「ニンゲンは犬に食われるほど自由だ」という言葉と、ガンジス川のほとりで、犬が人間の死体を食べている写真でした。これがとにかく鮮烈で、このシーンを見たくて、出かけたのです。

ガンジス川のほとりには1ヵ月くらいいました。ガンジス川での沐浴などはよく写真がありますが、その横で毎日、亡くなった人をふつうのたき火のように燃やしているんです。

人間の死体が燃えつきるのに3時間くらいかかりました。うまく燃えずに足がぽろっと落ちたりして、それをその辺にいる犬が食べる。死体を焼いている人がそれに気づいて、犬を追い払ってまた火で燃やす。最後、骨は川に流してしまいます。

その横で多くの人が沐浴していたり、洗濯していたり、子どもがチャプチャプ遊んでいたりする。そういった風景を、ずーっと見ていました。

このときの「人はこうやって死んで燃やされ、大地に帰っていくのだ」という感覚は、自分の人生観が変わるくらいのものだったと思います。どんな人も死んだら燃やされて犬に食われて灰になって終わるのだ。そう考えると、自分の悩みが晴れるとまではいきませんが、たかが知れていると思うようになりました。

そのあとはどこに行こうかと考え、とりあえず靴を飛ばして向いた方向に行くことにしました。

結果、靴は西を向いたので、そこからパキスタン、そしてイランのテヘランに向かいました。各駅停車の電車と乗り合いバスで移動したのですが、言葉もわからないし、食べ物も見たこともないよくわからないものだし、どこかもわからない砂漠で寝袋で寝たりと、散々です。ようやくテヘランに着いて、大きなキュウリ（知っている食べ物！）にありついたときの安堵と感動は忘れられません。

そのあとはギリシャに行って、そこから日本に帰ってきました。

無謀な旅でしたが、そのおかげで「生きているだけで丸儲け」「毎日目が覚めるだけで幸せ」という感覚はより強くなりました。

また、香港から北京、そこからシベリア鉄道でウランバートル、モスクワを経由しポーランドのワルシャワに抜け、最後はロンドンまで行って帰ってくるという旅もしました。さまざまな国を通る中で見た民族性の違い、文化の違いというのもまた印象的でした。日本人のようなせっかちな人はおらず、みんなおおらかで愉快に生きている感じがしました（接客サービスも、よくも悪くもおおらかでした）。

そうやっていろんな文化、価値観に触れ、人と言葉を交わすことで、自分以外の視点がたくさんあることに気づくことができました。また、それぞれの土地に人の生活があり、村やまちがあり、人々がたくさくましく生きている様子を見て、日本以外の国をとても身近に感じられるようになりました。

これは発想を転換する際に「地球儀を見るように俯瞰する」というところともつながっています。新たな視点を増やしたり、視点を柔軟にしたりしたいという方は、ぜひ旅に出てみるといいでしょう。

まわり道上等！　人生に無駄なんてない

できるだけ無駄を省いて、効率よく人生を送りたい。

そういう人たちから見れば、きっと私の人生は無駄だらけだと思います。でも、「人生に無駄なんてあるんやろか？」と私は思うんです。他人が無駄と言うようなことも、自分にとっては大事な経験。気にせずどんなことも自分なりに楽しめばいいのではないでしょうか。

それに、一見無駄だと思えることでも、人生の中ではどこかに必ずつながってくるものだと信じています。

私の人生が無駄だらけと言いましたが、どんなふうに無駄だらけか、お教えしましょう。「子どものときに市長になる夢をもって、100年カレンダーとか言ってるあなたのどこが!?」と言われそうですが、この後に書いた私の歩んだ道のりを読んでいただいたら、きっと納得されると思います。

あまりにも市長になるまであっちこっちまわり道をしていて、あきれて笑ってしまうかもしれません。でも、第1章でお話しした「目標までの道のり、途中の〝いま〟も楽しむ」というのがリアルに私の人生だとわかるでしょう。

・1981年（17歳）、高校の生徒会長の任期が終わった5月に、職員室で東大受験宣言。独学で猛勉強の末、翌年3月に現役合格（文科Ⅱ類（経済系統））。
・1982年（18歳）、地元の県立高校卒業後、上京。同年4月、貧乏学生の多い駒場寮に入寮。入学後すぐに、各種集会やデモなどに参加。
・同年9月、駒場寮の寮委員長に立候補、当選。スローガンは「自分たちのことは自分たちで決める」。これを機に、学生運動や市民活動に身を投じていくこととなる。
・1983年（19歳）、国の方針もあり、大学側が駒場寮の寮費値上げを強行。それに反発し、仲間たちと共に寮共闘という組織を結成。ストライキも視野に活動を展開。
・1984年（20歳）、ストライキ実行委員長として駒場での全学ストライキを決行。全授業のボイコットを主導するもそれ以上の盛り上がりに欠け、結局、値上げを撤回させることは叶わず、敗北。
・その後、失意のまま日本を離れ、バックパッカーとしてインドやイランなどをあてもなく旅する。

・旅から戻ったあと、大学に退学届を出し、明石に戻る。毎日海を見ながら過ごす。
・半年後、対立の相手方であった大学の学部長から「君には、まだこれからやるべきことがある。戻ってこい」との電話。退学届はじつは正式には受理されていなかった。
・１９８５年（21歳）、あらためて上京。別の学生寮に入り、教育哲学を学ぶ。ルソーから多大なる影響を受ける。
・１９８６年（22歳）、ある市民団体の専従スタッフになったりもするが、卒業後については、世論喚起の観点からマスコミを志望することにする。
・１９８７年（23歳）、教育学部教育学科（教育哲学コース）を卒業。
・同年4月、ＮＨＫにディレクターとして入局。研修後、福島放送局に配属されるも、上司との対立などもあり、１年で退局。
・１９８８年（24歳）、新設されたばかりの流通科学大学（神戸市）を受験し合格。一期生として入学し、明石の実家から通学を始めるも、わずか1ヵ月で退学。
・東京に戻り、高田馬場のパチンコ店で清掃のアルバイトを始める。毎朝5時から10時（開店時間）まで、モップをかけたり、客がこぼしたコーヒーの汚れを取ったり、ガムをこそげ取ったりする日々。
・当時、始まって間もなかった『朝まで生テレビ』（深夜の討論番組）がスタッフ募集をしていたので、応募。採用決定となり、六本木のテレビ朝日で働き始める。『ニュースステーション』（報道番組）などの制作にもかかわる。
・1989年（25歳）、政治家・石井紘基さんの著書を読み感動、本人に手紙を送ったところすぐに会うことになる。初対面でいきなり選挙活動の手伝いを頼まれ、引き受ける。仕事も辞め、住まいも石井さんの家の近くに引っ越して付き人となる。
・1990年（26歳）、石井さん、精力的な選挙活動もかなわず衆院選に落選。石井さんの「いい政治家になるには世の中を知っておく必要がある。だからまず弁護士になって本気で人のために尽くしなさい」というすすめで弁護士を目指すことに。
・1993年、石井さん、衆院選に当選。国会議員に。
・1994年（30歳）、4回目の受験で司法試験に合格。
・1995年（31歳）、司法修習生の期間（当時は2年間）は、司法研修所内にボランティアサークルや手話サークルなどを立ち上げ、司法修習生と障害当事者とのパイプ役を果たす。

・1997年（33歳）、弁護士となり、法律事務所で働き始める。弁護士活動のみならず、広く市民活動にも積極的に関わる。

・2000年4月（36歳）、独立し、明石市内に法律事務所を開設する。事務所内には市民活動支援の部屋も設け、場所の提供のみならず広報誌づくりなども手伝う。

・2002年（39歳）、来たる明石市長選への立候補を検討するも、市民派の完全無所属では勝ちきれない情勢だったため、やむなく断念。

・同年10月、石井さん、自宅前で刺殺される。

・2003年（40歳）、石井さんの遺志を継ぐ形で、石井さんが所属していた民主党から衆院選に出馬、当選。弁護士時代の経験を生かし、数多くの議員立法の制定に関わる。

・2004年（41歳）、「犯罪被害者等基本法」の成立に尽力。「無年金障害者救済法」などの制定に奔走。

・2005年（42歳）、郵政解散選挙で落選。僅差での落選だったこともあり、引き続きの公認内定となったが、それを辞退し、明石に戻り法律事務所を再開。
・2007年（44歳）、国会議員時代に、福祉にもっと詳しくなる必要性を痛感したことから、社会福祉士の資格も取得。「困っている人の具体的な力になりたい」をモットーに、弁護士と社会福祉士のふたつの資格を生かして活動を展開。
・2011年4月（47歳）、満を持して明石市長選に立候補。政党や団体の支援を受けず、市民の支持だけを頼りに選挙選に臨み、69票の僅差で当選。

いかがでしょうか。こうして見ると、うねうね曲がりくねったような道のりです。

でも全部、「やさしい社会を明石から」につながっていると思いませんか？

やる前から無駄かどうかを考えても仕方ありません。その経験が無駄かどうかを決めるのは、結局そのあとの自分次第なのではないでしょうか。

3

人間関係の処方箋

やさしさとは想像力のこと

私が演説などでよく口にする言葉があります。

「人に必要なのは、やさしさと、賢さと、ほんの少しの強さです」

やさしさとは想像力です。

たとえば、私が自分のほっぺたをつねっても、ほかの誰のほっぺたも痛くはなりません。私の、この痛さは誰もわかってくれないのです。

逆に、誰かが足を踏まれても、私の足は痛くもかゆくもありません。その誰かの足の痛さを私はわかることができないのです。

人はよく「あなたの痛みがわかります」などと言いますが、「その人に自分の本当の痛みがわかるはずはない」のです。

では、人はどうしたら、他人にやさしくなれるのでしょうか。

私は「人の痛さを想像することでしか、人にやさしくなれない」と思っています。

私たちは、他人が感じている「痛さそのもの」を知ることはできませんが、その痛さを想像することができます。そうやって想像することで、他人に近づいていけるのです。

想像力の翼を十分広げることなしに、わかった気になってはいけません。

またどれだけ想像したところで、それは相手が感じている「本当の痛さそのもの」ではないことも、肝に銘じておかなければなりません。

人の痛みを知ることのスタートは、「あなたのことがわかる」ではなく、「わからない」という謙虚さです。

そこから始めて、まずは相手の声に耳を傾けることが大切です。当事者について知るには、当時者の声を聞くことがいちばん。インターネットや本で調べることもできます。

でも、人は一人ひとり違う存在ですから、同じ状況であっても感じる痛みはそれぞれ違います。できるだけ本人の声を聞いて、調べて、想像することが大切なのです。

それでもなお、わかった気になってはいけません。

人間関係も、「私」と「あなた」が違う人間であることをお互いに認識しあうことから始まります。

「あなたと私は違う。でも私はあなたの痛みを想像したいと思っている」

それが、人間関係の大前提です。

世の中は「誤解」で成り立っている

「人の本当の痛みは、その人にしかわからない」という話をしました。「わかった」と思うのは、わかった気がしているだけのこと。つまりは「誤解」です。

人は「誤解」でしか人を理解できません。お互いの誤解と誤解の中で、コミュニケーションが成り立っているのだといえます。どういうことか、ご説明しましょう。

たとえば、ある料理を食べて、あなたが「おいしいね」と言ったとします。相手も同じ料理を食べて、うなずきながら、「おいしいね」と言いました。

でも、ふたりの感じ方は、まったく同じではないはずです。口や舌の大きさも違うし、味覚細胞の数も違います。味覚は一人ひとり違うので、脳の反応の仕方をコピーしない限り、「まったく同じ感じ方」はできないはずなのです。

それにもかかわらず「おいしいね」と言いあうこの会話は、お互いになんとなく「おいしい」という「ゆるい言葉の概念」があって、その概念になんとなく当てはまっているから「おいしい」と言っているにすぎません。

同じものを食べて、「おいしいね」と言いあうふたりの間には、似たような感情があるだけではなく、間違いなく「誤解」がひそんでいるということです。

そもそも言葉のやり取りというのはそういうものですから、いちいち気にしていたら会話が進みません。

ですが、そういう「自分の感覚・感情を、完全に正確には人に伝えることができない」「他人の感覚・感情を、本人とまったく同様に味わうことはできない」ということを、人と関わるときの大前提としておいたほうがいいと思います。

何が幸せかは、本人にしかわからない

近い人のことだと、つい想像してわかった気になりがちです。しかし想像力の翼を広げたところで、最終的に相手の思いにたどりつけないこともあります。

私の弟は障害をもって生まれ、「一生歩くことはできない」と医者に言われましたが、小学校に入学するときにはどうにか歩けるようになりました。それでもその年の運動会の競技には参加せず、黙って見ていただけでした。

ところが2年生になったとき、「運動会に出たい」と言いだしました。私は反対しました。両親も反対しました。

しかし弟は大泣きし、「絶対に出る」と言って聞きません。結局私たちが折れて、弟は運動会に参加することになりました。

運動会当日。弟は50メートル走に出場しました。歩くのもやっとで、学校行事の潮干狩りでは、磯で転び、自力で起きあがれず溺れかけていた弟です。「うまく走れず

に笑い者になるだけだ」と私は思っていました。そうなれば本人がせっかく出られた運動会も、嫌な思い出になってしまいます。「ふつうの学校に通えているだけで十分、これ以上まわりに迷惑をかけられない」そう思っていました。

案の定、50メートル走では同じ組の子が次々とゴールする中、弟はまだ10メートルほどしか進んでいませんでした。

ところが、です。

弟は走りながら、にこにこと満面の笑みを浮かべていました。それまで見たことがないような、とびっきりの笑顔です。そしてゆっくりではありますが、前に進んでいました。

それを見て、私は弟のことを「何もわかっていなかった」ことに気づきました。弟の「走りたい」という思いを、私は何もわかっていなかった。弟が大差をつけられているのを見て「恥ずかしい」とすら思っていたのです。

弟のために「反対」という立場を取りながら、本当は自分が笑われたくなかっただけだった。私は弟の幸せを願いながら、実際は弟の気持ちをないがしろにしていた。うれしそうな弟の顔を見て、ようやくそのことに気づいたのです。

私たち家族は弟のためにみんなで社会と闘ってきていたつもりでした。それでも、弟が「走りたい」と言いださなければ、運動会はずっと不参加にさせていたでしょう。自分と近しくて、「自分がこの人のことをいちばんわかっている」と思うような人のことでさえ、わかっていなかったのです。

弟の例を出しましたが、たとえば徒競走でいちばん後ろを走る子どもは、何を感じているでしょうか。たいていの子どもはくやしい気持ちで走っているかもしれません。実際そうかもしれませんが、そうでない可能性もあります。中には、いちばん後ろで目立って、ちょっとうれしいと感じている子どもがいるかもしれません。その場合は、その子のことを「ビリになってかわいそう」と思うのは筋違いです。でも、思い込みによる「誤解」は、たいていの人がやりがちなことではないでしょうか。

何が幸せかということは、つまるところ、本人にしかわかりません。相手のことを想像し、知ろうとすることはとても大切ですが、最終的には想像ではなく「本人がどう思うかを聞く」というところがいちばん大切なのです。

どんなことも、「明日は我が身」

人はいつ何時《なんどき》、犯罪にあうかわかりません。また、いつ何時、事故にあったり、病気になったりするかもわかりません。会社が倒産するかもしれない。家族が認知症になるかもしれない。いま、いたって「ふつうの」生活が送れているとしても、それがずっと続くとは限らないのです。

「明日は我が身」。リスクに見舞われる可能性はみんなにあります。

しかしいまの世の中、その意識が欠けがちのように思えます。何かあるたびに「自己責任」という言葉が湧きあがってくるのはその証拠でしょう。みんな自分の生活でいっぱいいっぱい。なので、当然といえば当然なのかもしれません。

それでも、いつか自分が「ふつうの側」から「そっち側」に変わるかも、と認識しておかなくてはいけません。

そう考えたら、「仕方ないよね」と人を切り捨てるのではなく、誰も切り捨てない世の中であったほうが、みんなが安心して過ごせると思えませんか。

いつ自分や家族が犯罪にあうかわからないから、犯罪被害者の救済を支持する。いつ事故や病気に見舞われるかわからないから、そういった手当の充実を支持する。まさに「情けは人のためならず」ということです。

明石市では平成26（２０１４）年に「犯罪被害者等の支援に関する条例」を改正しました。日本では加害者には弁護士がつきますが、被害者には弁護士がつかないのです。そのうえ、被害者やその家族は、「賠償金目当てでは？」「こうすれば防げたのでは？」などと厳しい声がぶつけられがちです。さらには、加害者に支払い能力がなくて賠償金も受け取れず、泣き寝入りすることも多くあります。

そこで犯罪被害者の支援として、賠償金の立替支援金の支給や、被害者等の相談、情報提供の体制、日常生活などの支援を充実するため条例を改正したのです。

被害者支援の運動をしている土師守《はせまもる》さんは、条例ができたとき、こう言いました。

「みなさん、よかったですね」

土師さんは、平成９年に起きた神戸連続児童殺傷事件で、次男の淳《じゅん》くんを亡くしています。そして、犯罪被害者支援の活動に身を投じていらっしゃる方です。

土師さんはこうも言いました。

「まさか自分の子どもが殺されると思ったことはありませんでした。ある日、突然の出来事だったんです。たまたま私だったというだけで、あなたたちかもしれない話であって、みんなの話なんです」

改正した条例は、被害者支援をしている土師さんのためのものではありません。これから犯罪にあうかもしれない市民のためのセーフティネットです。土師さんが支援金を受け取れるわけではありません。事件当時は被害者の救済措置がなく、土師さんは泣き寝入りでした。それでも、「明日は誰かの身」と思って、これから犯罪にあうかもしれない市民のために、活動をしてくださったのです。みんなを思いやる想像力、それがあなたと社会をやさしくします。

「明日は我が身」ということでいえば、認知症も同様です。

令和５（２０２３）年９月、アルツハイマー型認知症の進行を緩やかにする効果を証明した薬「レカネマブ」が、厚生労働省で承認されました。しかし現代の医学では、認知症は完全に予防することが難しく、病気の進行を遅らせることはできても治すことまでは難しいといわれています。だから、できるだけ早く発見して対応を始めることが重要です。

明石市では、令和2（2020）年に認知症の診断費用を無料化し、令和4年には「認知症あんしんまちづくり条例」を制定し、住みなれた地域で安心して暮らせるまちづくりを積極的に始めました。

「認知症になったらだめなまち」ではなく、「認知症になっても安心できるまち」をつくりはじめたのです。この取り組みによって、認知症をより早期に発見して、より適切に対応できるようになりました。あわせて家族の負担もかなり軽減されました。

「認知症はあかん」と言ってしまうと、どうしても隠そうとして、かえって家族にも負担がかかってしまいます。その結果、本人も後悔することになります。

認知症の人だけでなく、障害者も、さまざまな分野の少数者も、誰がどんな状態に陥ろうと、みんなで支えられる社会が理想だと思っています。

気づかずに人の足を踏んでいるかもしれない

ちょっと想像してみてください。

あなたは混雑した電車の中に立っています。揺れた瞬間、隣の人に足を踏まれ、あなたは思わずその人を押しのけました。するとその人はバランスを崩して倒れ、驚いたようにあなたを見上げてきました。

その人は、自分があなたの足を踏んだことに気づいていません。なので、何の理由もないのに、いきなりあなたに突き飛ばされたと思っています。

周囲には、あなたが足を踏まれたところを見ている人、見えている人は誰もいません。ある人がこう証言しました。

「電車の中で、あの人がいきなり、隣の人を突き飛ばしたんです」

さて、この話の問題はどこにあるのでしょうか。

あなたも隣の人も、どちらも自分を被害者だと思っています。しかし、あなたが被害者であることは、あなた以外には誰ひとり知らないのです。踏んだ人は自覚がなく、まわりの人もその瞬間を見ていません。結果として、あなたは人をいきなり突き飛ばした人として見られています。

もし、あなたが隣の人を突き飛ばさずに「足を踏まないで」と言っていれば、その人は足をすぐ引いてくれたかもしれません。だから、こうした場合、あなたは相手を突き飛ばす前に、そのことを伝えるべきだったと言えるでしょう。

しかし、あなたが「足を踏まないで」と言えなかったことが悪い、と結論づけてしまっていいのでしょうか。それでは、おそらくあなたには不満が残るはずです。なぜなら最初に踏んできたのは相手だからです。

あなたが「足を踏まないで」と言えなかった理由があるはずです。とっさのことで声をあげられなかったとか、痛くて声が出せず、反射的に突き飛ばしてしまったとか、伝える勇気がなかったからとか。

でも、もし言葉で言えなくとも、指をさして知らせてもよかったでしょう。もしかしたら、まわりの人が気づいて知らせるべきだったかもしれません。

何が言いたいかというと、人から何かよくないことをされたとき、「まずはとにかく伝えようとすること」が大切だ、ということです。あるいは、それがなんらかの方法で伝わることが望ましいということです。

なぜこの話をしたかというと、日々の中で、私たちが「人の足を踏んでいることに自覚がない」ということがよくあるからです。

わかりやすい例を出せば、障害者や性的マイノリティの方など、少数者といわれる方々の中には、ずっと「足を踏まれつづけている」人がいます。でも私たちはそれに無自覚です。相手のことを想像しようにも、無自覚だとそれもできません。

足を踏まれた人の中には、ショックでとっさに言えない人もいるでしょう。「足を踏まれた」と言ってはいけない、言ってもしようがないと思っている人もいるでしょう。まわりの人だって、助けてくれるとは限りません。

でも、そんな社会のままでいいのでしょうか。私たちは「いまも足を踏まれている人たち」のことをもっと考えるべきではないでしょうか。

足を踏まれた人が「踏んでいますよ」と遠慮なく言える、また足を踏まれた人が何も言えないようなとき、まわりの人がすぐ気づいて、「あなた、足を踏んでいますよ」と伝えてくれるような景色が見たいと、私はずっと思っています。

想像力は本で養うことができる

「想像力が大切なのはわかるけれど、それをどうやって養えばいい？」という質問をいただいたことがあります。

自分の想像力を育むには、日常生活でまわりの人を想像するだけでは足りません。誰だって、自分の生い立ちや経験だけでは、想像できることに限界があります。

そこでぜひおすすめしたいのが、本です。

本は、ただの紙きれではありません。そこにはさまざまな人の勇気や決断がつまっています。

本をとおして、時代を超え、国境を越えて学び、自分の視点を自由自在に変えることができます。

古典作品はとくにおすすめです。遠い昔に先人たちが書き、いまもなお残っている価値ある作品には、それだけの年月を経ても生き残る、未来につながる知恵がつまっています。

また、「法律」からも、学ぶところは多くあります。一般の方は法律などわざわざ学ばないと思いますが、たとえば法学部の学生であれば、六法全書で法律を勉強するでしょう。法律は、社会を治めるための、人類の叡智《えいち》の蓄積です。民法も刑法も、その時代の価値判断を反映させながら、改正されてきています。そういう意味で、法律を学ぶというのは社会を知るということです。

そして「これはどんな人のための法律なのか」ということを考えることで、自分とは違う人の人生を知ることにもなります。その法律の奥にある、市民・国民の涙を考えることにもつながるのです。

本を読むことで、「この人はこう思っているのかもしれない」「あるいはこんなふうに感じているのかも」という、想像力の「引き出し」が増えていきます。

ただ自分の人生を生きているだけでは知りえないような、たくさんのことに出会えますから、ぜひ本を積極的に活用していただきたいと思います。

「寛容」は「非寛容」に「寛容でいられない」

人がそれぞれ違うのはあたりまえのことです。ただ世の中には、それをよしとする人もいれば、許せないと思う人もいます。

金子みすゞの「私と小鳥と鈴と」という詩に「みんなちがって、みんないい」という言葉があります。「みんなちがって、みんないい」。多様性の時代の指針となるような言葉です。

でもそう考える人は、「みんな違ったら許さない」という人に対して、はたして寛容でいられるのでしょうか。これは、私の中でずっと気になるテーマでした。

考えに考えた末、私の結論は、「〝寛容〟は〝非寛容〟に〝寛容ではいられない〟」というものでした。

つまり、「違っていいよ」という考えの人は、「違うのはよくない」と考える人を受け入れられないということです。

「非寛容」に寛容でいるということは、非寛容な人が他人に自分の考えを強要しようとしたときも、それをよしとしなければいけません。

私はすべての人にやさしい社会をつくりたいと思っています。

でもその一方で、非寛容な人に対しては、決して寛容になれない自分がいます。

みなさんはどう思いますか。

上に立つ者が正しいとは限らない

人の上に立つ人がつねに正しいとは限りません。学校の先生や親、上司の発言がいつも正しいなんてこともありません。だから、たとえ誰か「目上の人」があなたのことを思ってした発言であっても、それに「従わなければならない」ということはないのです。

他人から認めてもらいたいとか、褒められたいなどと思うと、自分より上の立場の人の言うことを聞きがちです。何か間違いがあっても「あの人がそう言ったから」という逃げ道にもなります。「自分より上の立場の人が言ったこと」というのは、一種の免罪符になります。これは先に述べた「お上《かみ》至上主義」にもつながるところです。

でも冷静に、客観的に考えて、上の立場だからといってその人が絶対に正しいわけではないことは、きっとみなさんにも同意していただけると思います。

上司が何の合理性もない指示をしてくることもあるでしょう。学校の先生が、生徒みんなが知っているいじめを知らないこともあるでしょう。

「評価されたい」「褒められたい」などというエゴを捨てれば、本当の自分の心により忠実に生きられます。

人に気をつかってまで、自分の評価を得ようとするよりも、「自分自身の生きている意味」とか「自分の役割や使命」みたいなものがその行為にあるかどうかのほうが、よっぽど大切ではないでしょうか。

私は小学校3年生のとき、自分で勝手にクラスの席替えをしたことがありました。というのもある女の子がいじめられていたからです。私はそれが無性に腹立たしくて、それなら自分がその子の隣に座ろうと思いました。そこで、

「席替えしよー！」

と叫んで、担任の先生に相談もせず、強引に席替えをしたんです。そのあと教室にやってきた先生には、「先生、席替わりましたから」と、言っただけで済ませました。先生に事情を説明して、席替えしたいと頼むこともできたかもしれません。でもそれまでの体験から、先生に頼っても仕方がないと思っていたのです。

いまの学校の先生は違うかもしれませんが、昔は子どもたちのいじめを解決しようとする先生は少数でした。ですので、あのとき私は「自分の力でその子を守らなければいけない」という一心で動いたのです。

当時、「学校の先生という人間はほぼ間違えるもの」という思いがどこかにありました。実際にいまでも、建前とかメンツとかで縛られているから、正しい行動が取れないのではないでしょうか。それは先生に限りません。きっとたいていの大人はみんなそうです。子どもも例外ではないでしょう。

たとえ自分より立場が上の人が言っていることでも、「意味のあるものだと思ったら従うし、意味がないと思ったら従わない」。

それを実行するのはもしかしたら難しいかもしれません。それでも少なくとも「立場が上だから」という理由で言われたことを鵜呑《うの》みにする必要なんて決してありません。

自分と違う人こそ大事にする

自分と意見の違う人、感性の違う人といると、イライラしたり疲れたりします。自分とは違う考え方を強制されれば、その人に支配されていると感じることもあるかもしれません。どうしても付き合わざるをえない人であれば、面倒に感じるでしょうし、自分の気持ちをごまかすこともあるでしょう。

人によっては、自分と意見を異にする人を排除しがちです。

でも本当は、そういう人こそ大事にすべきです。

私はメディアの取材などで対談をするとき、オファーをされたら断らないようにしています。「この人とは対談したくない」などと相手を選ぶことはないようにしているのです。

他人と話すときは、自分と違う考えだからこそ楽しいし、ぶつかりがいがあるものです。それに物事は、自分と違う考えの人間も巻きこまなければ広がっていきません。自分を応援してくれる人、理解してくれる人とだけ付き合っていてもあまり意味がないのです。

そういうわけで、私は自分に対して厳しい人こそ大事にするのがいいと思っています。

「考えの違う人を味方に変えられないようで何ができるのか」と思いますし、たとえその人の考えが変わらなくても、「なるほど、そういう考え方もあるんや」と、私自身、新しい発見につながることもあります。

それまでの自分の人生で知らなかっただけで、「この人はそういうふうに生きてきたんやなあ」とか、「そういうふうに受け止めるんやなあ」と、うなずくこともあります。

当然、私が大切に思っていることが、人によってはそれほど大切でないこともあります。興味が違うこともあれば、価値判断や発想の仕方が違うこともあります。

たとえば、物事を「利益につながるかどうか」で判断する人もいれば、私のように故郷をいちばんに思う人もいますし、家族こそが大切だと思う人もいます。それだって、一人ひとりがそんなに明確に分けて考えているわけでもなく、それぞれ微妙にグラデーションがあるでしょうし、また、同じ人でも日によって考え方が変わったりもします。

そこが人間のおもしろいところだし、魅力的なところなのではないでしょうか。

自分の味方、自分と同じ考えの人だけと付き合うと、それ以外の人に排他的になってしまいがちです。いろいろな人と付き合って、感情がざらつくときもあるかもしれないけれど、それも「人間っておもしろいな」と俯瞰してみる。

こんなところが人付き合いや人生を楽しむコツなのではないかと思います。

「裏切り」は生命力の証し

「裏切り」は、人との信頼関係を破壊するものです。裏切られると、それまで育んできた関係が瓦解《がかい》するとともに、裏切った相手への怒り、憎悪が掻《か》き立てられます。失望や絶望も湧いてくるかもしれません。

でも私は、人に裏切られるのが大好きです。相手にはいっさい腹も立たないし、「仕返しをしてやろう」とも思いません。ちょっと変かもしれませんが、快感のようなものさえ感じます。

というのも、私は裏切りを「人の営みのひとつ」だと思っているからです。「裏切られた」と思うということは、私が「その人に期待していた、信頼していた」ということです。期待や信頼をしなければ、裏切るも何もありません。

そして、裏切りという行為に、相手の人間的エネルギーを感じてうれしくなってしまうのです。

「あいつ、ほんまに期待していたのに裏切るのか。やっぱりあいつも人間やな。この俺をよう裏切ったなあ。大したやっちゃなあ。裏切られたのが俺でよかったなあ」

そんなふうに思います。

自分を信頼してくれていた人を裏切ることは、並大抵のことではありません。きっとその人の中で葛藤があったでしょう。でもその中で、私ではないほうを選んだわけです。申し訳なさとか、利益への欲望とか、あるいは相手を苦しめたいという邪心とか、「裏切る」という行為に至るまでに、ものすごくドラマチックな心の動きがあったはずです。それを考えると、そこに強烈な人間的エネルギーを感じてしまうのです。まさに人間の生存活動です。

私は、裏切りをした人に対しては「日々懸命に生きている人が、そのときの立場や状況においてベストの選択をした」と受け止めています。私は私の考えをもっていて、でも相手は違う人間で、その人なりの考えをもっている。それが一時期交わり、そして離れていく。人間っておもしろいなあと、しみじみ実感する瞬間です。

もちろん政治家というのは裏切られることが多いですから、裏切りに対する気持ちをプラスの方向に転換しようとする自己防衛本能みたいなものが働いている可能性もあります。「裏切る」という相手の判断をあえて尊重することで、自分の心のバランスを取っている面もあるでしょう。

それでもやっぱり、「この人も生きてるんだなあ」と感じられるので、私は裏切られるのが好きなんです。

それに、裏切った相手を恨んだところで、得るものは何もありませんから。

みなさんはいかがでしょうか。

誰も裏切らない人生を送るのは難しい

さて、「裏切られる」話をしたら、当然「裏切る」ほうの話もしなければなりません。私は、「生きている以上は誰のことも裏切らずにいることは難しい」と考えています。

実際、私は自分の人生で、「おまえのことは一生許さん」と何度も言われてきました。最初に言われたのは、小学校6年生のときです。

私は野球チームに入っていました。チームには6年生の友だちがいたのですが、だいぶ弱いチームでした。その地区には、9連覇している強豪のチームがありました。

私がキャプテンになったとき、どうしても優勝したくて、レギュラーを替えました。キャプテンとしてみんなを束ねて、私が監督の権限を得たのです。そして、上手な5年生のふたりをレギュラーにして、6年生の友だちをレギュラーから外しました。

結果的に、チームは優勝しました。いま思えば、しょせん地区大会でそんなに必死になって優勝しなくてもよかったかもしれません。でも、私はどうしても優勝したかったんです。

その6年生の子の親が家に私を説得しに来ました。

「卒業記念やないか、友だちやないか」

でも私は、

「友だちですけども、下手やから」

と言いきったのです。

「情を取るか実を取るか」の選択でした。「地区優勝する」という点では、私の判断は間違っていなかったと思います。でも同時に、その友だちに対して、本当にひどいことをしたとも感じています。「目的は手段を正当化しない」と、私はよくまわりの人から諫《いさ》められます。この場合もそうです。あのとき、きっとふたりは私に裏切られたと思ったことでしょう。

また、政治の世界はそのときどきで状況が変わるので、裏切りが横行します。ある意味、いちばん人間味のある場所といってもいいかもしれません。だから私はそういう政治の世界が好きなんです。人間のどろどろした裏切りや、騙《だま》し合いを愛《いと》おしいくらいに思っています。

政治の世界や、もしかしたら企業でも、前例にならわずに状況に応じた判断をすることは「裏切り」と見なされます。以前からの関係の継続を期待していた者は、関係を切られれば「裏切り」と感じるでしょう。

たとえば予算編成を変えて、予算を減額する事業が出てくる。するとその事業に関係する人たちは「裏切られた」と感じるでしょう。

明石市では私が議会の反対を押し切って市長の権限で予算編成を変えたので、予算を減額された事業の方は「行政から」というよりは「泉から裏切られた」と思われていると思います。でも「子ども政策にお金をまわす」という必要な改革を思えば、仕方のないことです。

私たちは裏切られる一方で、自分では気づかずに、結果的に相手を裏切ってしまっていることもあると思います。

「裏切りは許さん。自分も裏切りは絶対にしない」と言っている人でも、実際に誰のことも裏切らないで人生を送るのは難しい、そんな気がします。

「嫌だ」と思った人とは距離を取れ

いっしょにいると、「この人、嫌だな」と感じてしまう人はいませんか。「職場にいる人も親戚や友人もみんな好きだ」と言える人は、おそらく少ないでしょう。

「誰かのことを嫌だとか嫌いだとか思うのはよくない」と思う人もいるかもしれません。でも長い人生の中では、必ずそういう人に遭遇してしまうものです。

どうしても嫌いな人と無理に付き合うことはありません。ただ、その人が会社の上司や同僚だったりするとだいぶやっかいですが、そういうときは工夫して接触を最小限にして、距離を取るのが賢い振る舞いでしょう。「排除する」ではなくて「距離を取る」のです。

私は市長を12年やってきましたが、私と顔を合わせている人は、市役所の中でもじつは数えられる程度でした。私のキャラが濃いですし、口調も強くて誤解を招くこともあるので、私の意図を汲《く》んで職員にうまく伝えてくれる緩衝材のような方をとおして、必要なことを伝えていました。私が言ったことをちゃんと咀嚼《そしゃく》して理解している人を間に挟まないと、かえってギクシャクすると思っていたのです。

市役所には「前例主義」「横並び主義」「お上至上主義」が染みついている方が多いので、いくら正論だからといって私がいろいろと指示を出しても、反発を受けるだけなのです。

「自分と違う人こそ大事にする」と先に言いましたが、コミュニケーションを大多数と取るべし、ということではありません。

人はすべての人とわかりあえるわけでもないし、コミュニケーションは「誤解の産物」ですから、そもそもわかりあえるかどうかさえ疑わしい。その中で他人と重なりがある部分を大切にしながら、その重なりを少しずつ増やしていくとか、あるいは重なっていない部分にある程度折り合いをつけていくということで、コミュニケーションをできる限りスムーズに進めていく。

人はみんな顔も性格も違いますから、「集まって良好なコミュニケーションを」という前提がそもそも無理な話なのです。

おそらく、その人を嫌だと感じる理由がどこかにあるはずです。価値判断が違いすぎるとか、大事にするものの順序が違うとか。理由はさまざまでしょうが、多くはそうかんたんに解決できるものではないでしょう。

ですから話し合って解決できなそうなときは、適度な距離を取って適度に接するようにしていくのがよいのです。

好き嫌いは誰にでもあるもの。ただ、「嫌いだから排除しよう」という発想にならないようにだけ、気をつけてください。

人を好きになるのも自由、好きにならないのも自由

何をやるにしても、多くは「相手があってできること」です。恋人をつくるとか、結婚するといったことはその典型です。自分がいくら結婚したいと思っても、当然、相手の気持ちもありますから、自分の気持ちだけで進めることはできません。

結婚は早いうちがいいのか、遅いほうがいいのか。

どちらがいいのかは人によって違うでしょう。一方で「結婚しない」という選択もありますし、また、「あきらめざるをえない」ということもあります。

それでも、人を好きになること自体は、誰にも止められません。ずっとその片思いを通してもいいですし、片思いがつらければ、別の人に代えてもいいかもしれません。どちらにしても、何か大切なものが得られるのではないかと思います。

人を好きになれるというのは素晴らしいことです。でも、「人は誰かを好きにならなければいけない」というわけではありません。誰かを好きになる、好きにならないということを含めて、さまざまな生き方があります。

さまざまといえば、性的少数者だといわれる「ＬＧＢＴＱ＋」も同様です。これは、レズビアン（Lesbian／女性同性愛者）、ゲイ（Gay／男性同性愛者）、バイセクシュアル（Bisexual／両性愛者）、トランスジェンダー（Transgender／身体の性と性自認が一致しない人）、クエスチョニング（Questioning／性的指向や性自認がわからない人、決めない人）・クィア（Queer／ＱＩＡ／Ｑ＋／性的少数者を包括する言葉）の人たちのことです。

私たちの中には、結婚している人もいるし、結婚していない人もいます。

誰かを好きになる人もいれば、誰も好きにならない人もいます。

自分は相手を好きになるけど、相手から好きになってもらうことを望まない人もいます。

結婚して子どももいるけど、誰も好きではないという人もいます。

姿や価値観、性のありよう、表現の仕方、制度の選択などは人によってさまざまということです。それまでの自分の常識や思い込みで価値を判断してはいけません。

よい悪いでいうならば、よい生き方は「自分らしく生きる」ということです。自分自身が自分らしく生きていくことが大切なように、ほかの人も自分らしく生きていけるように尊重することが大切です。

リーダーはまわりとの距離感を意識する

みなさんはもしリーダーになったら、先頭に立って進むタイプですか。それとも、先頭に立つ人を後ろから支えるタイプですか。

リーダーシップ論としては、「どちらが正解」ということはないと思います。その状況、時期によって、前を走ったほうがいいときもあれば、人と並走する、あるいは後ろにまわって励ましながらフォローするという、どれもできるのが理想的です。ポイントはひとりで突っ走ることのないように、まわりとの距離を考えることです。

先頭に立つリーダーは、後ろにいる人の風よけになる覚悟が必要です。

たとえば、私は子どもの頃、よく学校の先生と闘っていました。

中学では壁新聞コンクールを始めてみたり、高校では生徒会長になってそれまでやっていなかった文化祭を実現させたりと、いわゆる企画屋さんみたいになって何か新しいことを仕掛けていました。そして締めつけに来る学校側とケンカばかりしていたんです。

学校側は、必ず子どもたちを締めつけに来ます。つねに上から管理して、生徒たちの行動を一律にしようとします。みなさんの中にも、そんな経験をしたことがある方がいらっしゃるのではないでしょうか。

そんなとき私は「自由」の側から反発してきました。上から目線で管理するというのではなく、個人の自由を尊重した現場の「私たち」目線。一律ではなく、「みんな違ってかまわない」。

だいたい壁新聞にしろ文化祭にしろ、やってはいけない理由がわかりません。何か問題があるからというのなら、「だからやめる」ではなく、「その問題を解決する方法を考えて実施すればいい」のです。

でも、いくらそうやって闘っていても、まわりがついてきてくれなければしようがありません。ひとりで突っ走って闘っても、ただ孤立するだけです。ですから、「まわりの賛同を得る」ということはつねに意識する必要があります。

自分が突き進んでいる、その考えや理念をまわりも理解してくれているのか。自分がまわりの総意を代表するかたちになっているのか。

もしそうでないとしたら、走るペースを少し落としてまわりの人に理解してもらえるよう説明したり、あるいは自分がまわりを理解できるよう、もっと調べたり話を聞いたりしなければなりません。

私は市長のときにいろいろと改革をしてきましたが、「旧優生保護法被害者等の尊厳回復及び支援に関する条例」は、私ではなくまわりの人たち、すなわち市民の声がつくった条例です。

というのも、私が条例案を出しても、議会で多数だった反対派に阻まれて成立しませんでした。そのとき、市民の方々から「全会一致で可決すべき条例である」などと賛成意見が相次ぎ、障害者の方々や関係者の方々も「市長が動くと反対されるから自分たちに任せて」と言って立ちあがってくださったのです。そして結果、反対派の一部が賛成に転じて、令和３（２０２１）年12月、議会に提案すること３度目にして、ようやくこの条例は成立することになりました。

リーダーが前ばかり走ればいいわけではない、という実例です。

大義名分だけで人は動かない

人に何かを訴えたいとき、きれいごとだけを並べても人は動きません。

私は市長として、明石をやさしいまちにしたいと思ってやってきました。その実体験から言うと、人は「自分に利益があってこそ、他人にやさしくすることができる」のです。

「利益があってこそだなんて、なんて冷たいんだ」と思われるでしょうか。

でも人それぞれにその人の生活があり、人生がある以上、これは至極当然のことです。責めることでもありません。

むしろ逆にいえば、「得るものがある」のならば、人は「やさしくなれる」ということです。

行政の例ばかりで恐縮ですが、明石市では、そのポイントを押さえて「やさしいまちづくり」を進めてきました。つまり「やさしいまち」にするために、「他人にやさしくすると自分が儲かる」しくみをつくったのです。

「障害のある人にやさしくしてください」というのはきれいごと。そうしたくても、優先させるのは誰でも自分のこと、そして身内のことですから。

どういうふうにしたかというと、たとえば障害者支援では、商店の入り口にスロープをつけるなど、障害のある人が入りやすい店にするときは、その経費を税金でまかなうことにしました。飲食店側にお金の負担はありません。

すると、「社会的にいいこと」をやっているので、その店の評価が高まります。さらに私は障害者団体にそういった店のことをＰＲしました。すると、お客さんが増えて飲食店が儲かるようになります。「障害者にやさしいことをすると店が繁盛する」という成功体験を店の人に味わっていただき、それを口コミで広げてもらったら、まわりの店もオセロのようにバタバタと変わり、まちが障害者にやさしくなっていきました。

「貧しいけれど清く正しく」なんてきれいごとを言っているだけでは、いつまでたってもやさしいまちにはなりません。店にスロープをつけたところで、店が儲からなければ生きていけません。従業員に給料も渡せません。

いまの教員不足、保育士不足、介護関係の人員不足などもすべて、このあたりに問題があると思います。その仕事がどんなにやりがいがあって尊くても、「食べられなければやっていけない」のが現実です。みなさんの感覚ではいかがでしょうか。

「世のため人のためだから」と言っているだけでは現実的にはだめなのです。人に我慢を強いておいて人助けをせよ、というのは間違っています。

誰かの協力を得ながら何かをするときに大事なのは、大義名分だけではない。正しさで腹はふくらみません。関わった人たちがウィンウィンの関係になることを意識しないと、何事もうまくいかないものなのです。

人を動かすときに考えないといけない3つのこと

人を動かすには「儲けさせること」、つまり「経済的利益」が大事ですが、ほかにふたつ、大事なことがあると思っています。

それは「社会的利益」と「精神的利益」です。

「経済的利益」というのは、いわば損得です。「社会的利益」というのは、人から褒められる、社会から賞賛されるといった社会的評価のことです。

私が市長をやっていたとき、障害者のためにスロープをつけるなど改善してくれた飲食店にはどんどん賞状を贈って表彰しました。店に「市から認められている」「ありがたがられている」という実感をもっていただくためです。

そんな些細なこと、と思われるかもしれませんが、意外とこういうのがうれしいものなのです。

みなさんも「自分の頑張りを誰も見てくれない」「いいことをしたけど誰にも知ら

れていない」と空しく感じたことはありませんか。どうせなら、いいことをしてお金を儲けて、しかもそれを認めてもらえたほうがいいでしょう。

そして「精神的利益」というのは、誇りや自分自身に対する満足ということです。「自分は世の役に立つことをちゃんとやっているぞ」という納得感みたいなものでしょうか。

じつは、何かをするときの動機としていちばん強いのはこれです。ただ、もっている人は少ないように思います。ほとんどの人はまず経済的利益（金の損得）が大事です。そしてある程度お金をもっている人は社会的利益や精神的利益が大事になってくるようです。

人を本気で動かそうと思ったら、この３つをうまく満たしたしくみを考えることがコツです。

人はポジショントークをするもの

人と関わる中で、「この人の言っていることは本音なのかな？」「本心はどうなんだろう」と思うことも多くあります。

でもそこは、考えても無駄です。

言ってしまえば「どれも本音だし、どれもウソ」だと私は思っています。人の発言はそのときの状況や思いで変わっていくものです。一生同じというわけでもありません。人が発した言葉が、そのときは本音だったとしても、一生変わらないということは少ないでしょう。

また、本人は本音のつもりで発言していても、無意識に違うことを思っている場合もあります。逆に、ウソをついているつもりでも、その発言が本音に近くて、あえて茶化しているだけということもあります。

それに前に書いたとおり、コミュニケーションとはすべて「誤解」の産物ですから、その発言が「ウソ」なのか「本音」なのかを明確に分けることもできません。だから、誰かの発言に対して、あまり「ウソか本音か」などと考えすぎないようにすることです。もっとシンプルに「この人はこの状況でこういうふうに発言した」と捉えるのです。

人の発言は、ほとんどが自分の属性や立場に影響されたポジショントークです。一貫性なく、そのときどきで自分の立場に都合のいい発言をしがちなのです。人はみんな、男性なら男性の立場から、女性なら女性の立場から、学生なら学生の立場から、部下なら部下の立場からなど、それぞれそのときの立場において話すものです。

そういう中で相手の真意を探るのではなく、素直に発言を受け止めたうえで、どんなポジションから言っているのかを一歩引いて捉えてみる。それが他人に振りまわされないコミュニケーションの取り方だと思います。

正しいだけじゃなく、正しく見えることも大事

人がどんなに正しいことをしていても、周囲がそう見るとは限りません。「正しいことをしていたらいい」のではなく、「正しいことをしているようにちゃんと見える」ことも重要です。

私ははじめての市長選挙で勝った直後、自分を応援してくれた人に対して、市役所の市長室への訪問を控えていただきました。

私の義理の父、つまり妻のお父さんに対しても同じようにしました。義父は地元の有力者で市の観光協会の会長だったのですが、私はまず義父に会長の座を退いてもらったんです。自分の身内が明石市からお金をもらう立場にいないほうがいいというのが、その理由でした（「会長を辞めてくれ」と言ったら、義父は驚いていました）。

義父には申し訳ないことではありますが、私が「クリーンにまちづくりをしている」という事実だけではなく、実際に市民のみなさんに「そう思っていただく」ため

には必要なことでした。

物事において、「それらしさ」ということは意外なほど大切です。

たとえば裁判所では、真っ黒な服の裁判官から、しかめっ面で判決を言いわたされます。もしいまの時代、裁判官がジーパン姿でタメ口だったら、やっぱりそれらしくない。「本当にちゃんと評議したんだろうか」などと思ってしまい、誰もすんなりとは納得しないでしょう。

「正しいことをする」のは当然として、それがしっかりと伝わり、まわりから「正しいことをしているんだ」という納得感を得てもらうことも、社会においては大変重要なのです。

物事を進めるときには、その「内容」と「それがどう見えるか」の両方をセットで意識する必要があります。どちらかだけではいけません。人はいつも物事を正確に見ているわけではありません。伝える側が、人はそれをどう見るのかをしっかり意識するべきです。

いつも、お天道様が見ている

生きていると、いろいろな誘惑があります。うっかり変なことに巻きこまれる危険もあります。

しっかりと自分を保つために「お天道様が見ている」と思うのは有効だと思います。後ろ暗いことはしない。日の下を歩けなくなるようなことはしない、ということです。

私自身、「お天道様の下で仕事をする」と自分にずっと言い聞かせ、「透明性」を大切にしてきました。

市長は特別な権限を与えられています。だから、市長だったときは人との距離感をつねに意識していました。市長に接近してこようとする人には、なんらかの利益を得ようとする人がいるからです。もちろんそうでない人もたくさんいますが、「儲けよう、おいしいところをもらおうとする〝ずるい人たち〟と市長に〝悪いつながり〟があるんじゃないか」と見られることは絶対避けたいと考えていました。

市長時代、そんな企業関係の人は避け、議員とも飲みに行くことはほぼありませんでした。近しくなりすぎないように心がけていたつもりです。

市役所の職員にも、お酒を飲みに行こうと誘ったことはありません。市役所では、誰かと飲みに行くと、その情報がすぐ伝わります。仮に問題がなかったとしても、「市長はあいつと何か関係があるんじゃないか」と不審がられる可能性があります。そうなるとお互いに不幸なので、「実際に見えている関係以上のものはない」という状態を保つようにしていました。

たとえ悪いことを何もしていなくても、まわりがどう見るかわかりません。自ら「お天道様の下を歩けなくなるようなこと」をしないのは当然として、人に疑念を抱かせるような行動も慎んだほうが賢明です。

正しければ何を言ってもいいわけではない

私は子どもの頃から、人によく意見を言っていました。相手が大人だろうが、学校の先生だろうがおかまいなしです。でもいま思えば、子どもなりにでも言い方は少し工夫したほうがよかったと思っています。

みなさんは『はだかの王様』という童話をご存じですか。スペインの説話集の中の一挿話をもとにアンデルセンが書いた物語です。

あるふたりの詐欺師が、「バカな人には見えない」という透明な布地でつくった衣装を王様に着せます。当然、そんな布地なんてありません。衣装がそこにあるように見せかけて、王様に着せるふりをしただけです。でも王様は自分がバカだと思われたくないので、ありもしない衣装を着て喜びます。そしてまちにパレードに出ました。家来もまちの人たちも自分がバカだと思われたくないばかりに、その服が見えないとは言えません。ところが、沿道にいたひとりの少年が素直に「王様ははだかだ！」と叫び声をあげたのです。結局王様は「王様ははだかだ」「王様ははだかだ」という声に包まれながら、パレードを続けた、というお話です。

私は、この沿道の少年のやり方はよくないと思っています。

「王様ははだかだ！」なんて言ったら、一族全員が首をはねられてもおかしくありません。私だったら、こう言います。

「王様、そんなにりっぱな服をずっと着はったら汚れるから、しまっとかなきゃ」

つまり、正しければどう言ってもいいということではなく、正しいことを言うときほど、伝え方を考えなければいけないということです。

もうひとつ伝え方を紹介しましょう。吉野弘《よしのひろし》という詩人の「祝婚歌」という詩です。

正しいことを言うときは
少しひかえめにするほうがいい
正しいことを言うときは
相手を傷つけやすいものだと
気付いているほうがいい

（吉野弘「祝婚歌」より）

正しいからといって、ただその正しいことを相手に言うだけではいけません。これは発言の内容ではなく、コミュニケーションの取り方における問題です。

口の悪い私がそう言うと、「これまでもその口が大きな問題になっているくせに、お前が言うな」と叱られそうですが、ふだんは私も自分なりに意識して、言い方をかえるなど、それとなく気づいてもらえるように心がけているつもりです（頭にカッと血が上って脳より口が先に動く、みたいな人も、本当に気をつけなければなりません）。

たとえば、会社の上司に対して納得いかないことがあったとします。上司との関係上、意見を言うのをちょっとためらうようなときは、正面から言わずに、ほかの人から違うかたちで言ってもらうのもアリでしょう。

正しさだけで押しとおそうとするのは得策ではありません。自分の思うことを実現したいなら、正面からではなく、あえて別の方法を考えてみてもいいのです。実現への「方法」はひとつではないはずです。

4

人生の主人公は自分自身

大事なのはまわりではなく「自分の評価基準」

よく自分と他人とを比べながら、自分を卑下する方がいます。でも、自分を卑下する必要はまったくありません。そもそも、卑下しても何も得られるものはありません。

強調しておきたいのは、まわりの人たちが信じている「評価基準」に沿って生きることが決して正しいわけではないということです。周囲の評価基準に自分を照らしあわせて、自分を卑下しなくていいのです。あなたが自分自身でもっている評価基準に従って、生きてください。

市長時代、市役所の新入職員に、私は毎年こう言っていました。

「私は市長として、みんなのことを把握せなあかん。けど、正直言って、それは無理。みんなはこれから『上司が自分のことを全然理解してくれない』とか、『部下が自分の言うことをさっぱり聞いてくれない』なんて思うかもしれない。でも、人間の社会ってそんなもんや。自分は誰からも評価されていないと思うかもしれないけど、ひとりだけ評価できる人がいる。それはあなた。自分自身だ。

あなたが家に帰って寝る前に、今日、頑張った自分がいたのか、今日、サボった自分がいたのか、誠実な自分がいたのか、ウソをついた自分がいたのか、自分でわかるでしょう？　一日を振り返ったとき、誠実に頑張れたなら自分で自分を褒めてあげてほしい。自分の一日を褒められるような、そんな日々を送ってほしい。そんな日々を積み重ねていけるような公務員であってほしい」

これは公務員に限らず、みなさんにもお伝えしたいことです。

私の心の奥に、「自分を褒めるのは自分でいいやん」という思いがずっとありました。それはおそらく、実家の前にあったお地蔵さんが関係しています。

子どもの頃、私は毎日のように、お地蔵さんに手を合わせていました。学校に行くときはお地蔵さんの顔を見て「いってきます」と声をかけ、帰ってきたときは「ただいま」と言って家に入りました。

お地蔵さんは、ときおり表情が変わって見えることがありました。その日によって、怒っているように見えたり、笑っているように見えたりしたんです。

「今日はお地蔵さん、笑ってるぞ」と思うと、私は安心しました。学校の先生にどんなに叱られても気にすることがなかったのは、お地蔵さんが笑顔だったらそれでいいと思っていたからでした。

いま思えば、このお地蔵さんは、私自身の心を映していたのでしょう。

「今日、自分は頑張ったな」と思った日には、お地蔵さんは笑顔を向けてくれました。

「今日、自分は誠実でなかったな」と思ったら、お地蔵さんは私を叱ってくれました。

結局、自分の頑張りも手抜きも知っているのは自分だけ。自分を評価できるのは自分だけなのです。

もし周囲の評価基準が自分と違ったら、いくら評価されたところで、心の中にはモヤモヤしたものが残ると思います。だからこそ、周囲の評価基準ではなく、自分自身の評価基準に沿って生きるべきなのです。

みなさんも、ぜひ一日の終わりに自身を振り返ってみてください。今日、自分が思う生き方ができていたか。自分に対しても人に対しても誠実に接していたか。今日一日、幸せな自分でいられたか。そうして誰よりも自分自身が満足する一日を生きてほしいと思います。

「あいつは特別」というのは言い訳でしかない

まわりを評価基準にしていると、自分ができないことに対して「あいつは特別だからできるんだ」と思ってしまうことがあります。

でも、じつは特別でない人なんてひとりもいません。世界中どこを探しても、まったく同じ顔の人はいないはずです。「一人ひとりみんな違う」ということは、「みんながみんな特別な存在だ」ということです。

「あいつは特別だ」という言葉は、自分ができないことの言い訳として使う言葉です。「あいつは親が金持ちだから特別だ」とか「あいつはもともと勉強ができるやつだ」などと言って、自分ができないことを「あいつが特別だから」と理由をすりかえているだけ。

でも、それを言ったところで、あなたの何かがが変わるわけではありません。むしろ、

「そんなことを言っているあなただって特別なんだよ」

と私は言ってあげたい。

もちろん、「あいつ」のようになれないことはあります。あなたがどんなに願っても、できないことはあるかもしれない。でも、「あいつは特別だ」というせりふを言い訳にして、「自分はできなくてもしようがない」と言い聞かせているのは、とてももったいないと思います。それはまわりだとか、ひとつの価値基準にとらわれてしまっている証拠です。

「あいつはこれができるけど、自分にはこれができる」。そんなふうに考えて、自分にできることを探したほうが、よほどあなたの人生にとって大きなプラスになります。

自分を好きでいることが力になる

みなさんは、自分のことが好きですか。

日本人の「自己肯定感の低さ」というのは、よく話題に上ります。

令和元（2019）年に内閣府が発表した「我が国と諸外国の若者の意識に関する調査（平成30年度）」によると、日本の若者（調査時に満13歳から満29歳までの男女）は、「私は、自分自身に満足している」に「そう思う」（「そう思う」と「どちらかといえばそう思う」の合計）と答えた割合は45・1％でした。これはほかの調査対象国（韓国、アメリカ、イギリス、ドイツ、フランス、スウェーデン）の若者に比べて低い数値です。

理由を論じるのは専門家に任せるとして、自己肯定感、つまり「自分を好き」という感情は大切だと、私は思っています。なぜなら、やることすべての原動力になるからです。

私は自分が大好きです。自分の人生も大好きです。だから、たくさん仕事をしますし、たくさん勉強もします。これはおすすめはできませんが、寝る間も惜しんで、仕事や勉強をしてしまいます。自分の人生が好きすぎて、「生きている間に、寝ることに時間を費やすなんて、本当にもったいない」と思ってしまうのです。生きているうちは一生懸命生きて、ぐっすり寝るのは死んでからでいいと思っています。

「そんなんアホちゃうか！」と思われるかもしれません。

でも、ちょっとクサいですが、この「自分」というかけがえのない存在をまず自分が慈しみ、大事にし、人生を楽しませないと、と思うんです。

私たちはみんな顔が違う。性格も生まれも育ちも違う。それぞれがオンリーワンです。この世のどこにもない、文字どおり「ふたつとない存在」です。これはどんなに自己肯定感が低い人でも否定できないでしょう。私たちはそれぞれ、そんなにすごい存在なんです。

「自分を好き」というのは、「自分に欠点がない」ということとは違います。欠点もひっくるめて、「私」という存在を愛するということです。

私自身、欠点はたくさんあります。反省もします。でも「こいつ、おもろいやっちゃな」「せこいとこあるけど、それなりにええヤツやん」というふうに捉えます。自分にツッコミを入れながらでもいいんです。

「自分が好きですか?」という質問に、すぐに「はい」と返事ができなかった人は、まずは自分で大好きなところはなくても、ちょっとだけ好きな部分や、「欠点だけど、ちょっとかわいいな」と思えるところでもいいので、探してみましょう。それまで自覚していなかった自分のよさに気づけるかもしれません。

「好きな自分」にはよい人生を歩んでほしくなりますから、そうするといろんな力が湧いてきます。まずは「愛すべき自分を自覚する」ところから始めましょう。

「完璧」ではなく「自己ベスト」を意識する

私たちは何をするときも、ミスしないように、「完璧」を目指しがちです。でも「完璧にやらなければ」というのはすごく緊張しますし、窮屈です。それにそもそも「完璧」とは何なのか、冷静に考えてみるとよくわかりません。

そこで私は、何かをするときは「完璧」ではなく「自己ベスト」を出すことを目指しています。

私は令和5（２０２３）年４月末まで明石市長を務めていました。市民のための改革を進めた一方で、権力者や変化を好まない人たちからは恨みも買った12年で、退任の前年から、殺害予告のメールが頻繁に届いていました。そんなとき、「これで殺されても、まあいいか」と思った自分がいたのです。これには自分でも驚きました。

でもおそらく、それまでの人生を自分なりに、どの瞬間も精一杯走ってきたからそう思えたのではないかと思うのです。

少年の頃に故郷明石をやさしいまちに変えると誓い、精一杯生きてきた。47歳で念願の市長になり、叩かれたり憎まれたりしながらもまちを変え、みんなから花束をもらって引退できた。もちろん「完璧」ではありません。振り返ればいろいろあります。でも、自分としては充実感もたっぷりあるし、やりとげた感もあります。

懸命に走って「自己ベスト」を出したという感覚です。もちろん、もっと速く走る人だっているでしょう。でも、自分はこれで精一杯走ってきたし、悔いはありません。そういう意味では、人生を目一杯楽しんでいるという感じがしています。

みなさんも「完璧」な人生を目指す必要はありません。出すべきは「自己ベスト」。死ぬ瞬間に「悔いのない人生だった」と思えるように精一杯生きて、「自己ベスト」を出す人生であってほしいと思います。

どんな人も「何の役にも立たない」ことはできない

みなさんは日々、「自分が何かの役に立っている」と感じていますか。

それとも、「自分は何の役にも立っていない」と感じていますか。

あるいは「自分には生きる価値がないんだ」とネガティブ思考になったりしていないでしょうか。

ちょっとうまくいかないことがあったり、人に迷惑をかけてしまったなと思ったり、まわりの人の活躍を見たりすると、そんな考えが頭をもたげてくるかもしれません。

私はこう思います。

人は「役に立たなければいけない」わけではありません。「役に立たなきゃ生きていく価値がない」なんて思う必要はまったくありません。

それと同時に、「どんな人でも、絶対に何かしらの役には立っている」のです。

私は、「人は存在していること自体に意味がある」と思っています。ここで「意味がある」というのは、「何かと関連している」「何かの役に立っている」と言い換えてもいいかもしれません。

アニマルセラピー」という言葉を聞いたことはありますか。アニマルセラピーとは、

動物とふれあうことで心身に癒やしを与えることです。高齢者、病気や障害をもつ人に対して行われることが多いようですが、刑務所や少年院でも、受刑者の更生支援として「アニマルセラピーが実施されています。

動物とふれあうことで心身が癒やされるというのはもちろんですが、効果はそれだけではありません。アニマルセラピーを受けた人は、実際に犯罪を起こしにくくなるといわれています。

どういうことかというと、人は自信をなくすと、自分を卑下してしまい、人間関係がうまくつくれなくなります。そういう人でも、動物に餌をあげたりしていると、心が回復していくのだそうです。

犬を飼ったり、ヤギを飼ったりすると、やがて懐いてきます。犬もヤギも命があり、世話をしているとそれを肌で感じられます。「命があるものに自分が食べ物を与える」という、たったそれだけの行為で、人は自分の存在意義を認識できるのです。

「自分の役割」のようなものが目覚めてくるのかもしれません。

些細なことであっても、たとえば金魚を飼って餌をあげるのだって金魚の役に立つし、近くのコンビニでおにぎりを買うのだってコンビニの人の役に、ひいてはその製造者や運搬者の役に立っています。部屋の明かりをつけるのも、トイレに行くのも、電車に乗るのも、何かと、そして誰かと関わっています。

今日、自分がしたことを振り返ってみてください。何の役にも立っていない人などいないはずです。どんなに役に立たずに生きようとしても、役に立ってしまう。それほど人はお互いにつながっているものなのです。

誰かが言っているわかりやすい外部評価を自分の価値基準にしてしまうと、つらくなるかもしれません。そうであれば、そんなものは捨ててしまえばいいのです。あなたの日々の生活そのものが「意味のあること」なのです。まずはそこを大前提としてほしいと思います。

私も「人々の役に立っている」と言われることがありますが、逆に、どれほど人に迷惑をかけていることか。人というのは存在するだけで役に立ち、また同じくらい迷惑もかけるものです。それは人が生きるうえで、ごくふつうのことなのです。

人の存在には必ずその両面があるということを、覚えておいてください。

社会においても主人公であれ

みなさんはそれぞれの人生を生きていて、それぞれがその主人公です。

それと同時に、みなさんは「この社会の主人公」でもあります。なぜなら、日本の制度がそのようになっているからです。

どんな金持ちでも、貧乏人でも、投票できるのは1票です。どんな有力者にも、何の権力をもたない人にも等しく1票しか与えられていません。

こんな美しい制度はほかにないと思います。

しかも原則として、年齢条件さえ満たせば、どんな人でも立候補できる。私のような、性格が濃くて、体が小さくて、おまけに甲高い大声のオッサンでも、立候補できるのです。これは、冷静に考えてすごいことだと思いませんか。

にもかかわらず、昨今の政治家は「一部の有力者・支持層」ばかりにおもねって、大勢の世間一般の人々に向いた政治をしていません。

ふつうに考えて、「一部の有力者・支持層」よりも、その他大勢の民衆のほうが多いはずです。ですからそこをきちんと押さえれば、ちゃんと「民衆の代表」が政治家になって、自治体や国を民衆のために変えていけるはずなのです。

実際に私が最初に市長選に出たとき、当時の対立候補はかつて兵庫県知事の知事室長だった方で、そのときは県民局長。自民党・民主党・公明党に担がれ、現役の知事が中心となって応援していました。企業や各種団体、地元出身校の同窓会や地元大学も応援していました。一方、私の後ろ盾は「市民」だけ。

マスコミから、「相手候補は盤石の支持基盤をもっているが、泉さんに支持基盤はありますか」と聞かれ、ここぞとばかりに「市民です」と即答したら笑われました。そんなのでは勝てる見込みはないと。

でも、私は声を大にして言いますが、その考えこそ間違っているんです。

最終的に、私は69票差で勝利して当選しましたが、支持母体としては、一部の政党支持層VS市民だったので、市民のほうが圧倒的に数は多かったのです。

それなのになぜ僅差になったかというと、全員が投票に行くわけではないからです。

お付き合いがあったり、直に頼まれたりした人のほうが投票には行きがちです。私のときは、まちの空気としては7対3くらいで私が優勢でしたが、実際に投票に行くのは私の支持層で4割ほど、相手の支持層では9割近くだったので、接戦となりました。

本当はマジョリティであるはずの大勢の人たちがあきらめてしまうから、政治が変わらないのです。

あなたがもっている1票がどれだけ大切な1票であるか、おわかりでしょうか。

「お上《かみ》至上主義」によく表れているように、日本ではいまだに国が「国民より上」で、国民のために政策を決めているという意識があるように思います。

でもそれは勘違いです。

国（中央省庁）というのは国民の要望を実現するための組織であって、それを操るべきは国民です。中心にいる国民が、社会の本当の主人公なのです。

あなたが社会に対して使える力を、決して忘れてはいけません。

どうせいつか死ぬから、せいぜい楽しくいこう

「てるてる坊主は嫌い」と先に書きましたが、そんな私でも縁起はかつぎます。

たとえば、「天赦日《てんしゃび》」とよばれる吉日があり、私はその日をかなり意識してスケジュールを組みます。「天赦日」とは「天が赦《ゆる》す日」。1年間に5、6回しかめぐってこない最強の開運日といわれています。私の家は代々漁師。漁師は自然に身をまかせないといけない仕事なので、暦を非常に大事にします。そんな家に生まれたので、私もそういった暦で生きていると言ってもいいかもしれません。

この世界には、人の力がまったく及ばない時の流れがあります。その中で、人ができることは限られています。人にはできることと、できないことがある。そして、いつかは死にます。わざわざ急いで死のうとしなくても、人は等しく、必ず死んでいきます。

どうせ死ぬんだから、生きているうちは自分なりに楽しく生きればいいのです。

こう生きなきゃいけないとか、ああ生きなきゃいけないとか言ったところで、結局最後はみんな同じように死ぬんですから。

「死ぬこと」は避けられませんが、同様に「生まれてしまった」という事実も変えようがありません。

そして、死ぬまでの間、自分の意思で人生をつくっていけます。

意外と、自分で選択できることはたくさんあります。好きなご飯を食べられるし、行きたい場所に行けるし、やりたいことに挑戦することもできる。やりたくないことから逃げることだってできる。私たちは、誰のためでもない「自分の人生を」つくることができるのです。

もしかしたら、苦しいことの連続かもしれません。でもせっかく生きているんだから、自分でつくれる人生を精一杯味わって、楽しいことをひとつでも多く見つけてほしいと思います。

孤独は自分自身を楽しむ瞬間

いい意味でも悪い意味でも、基本的に人は「ひとり」です。

人とつながることは楽しくもあり、うっとうしくもあります。人とワイワイガヤガヤ騒ぐのは、それはそれで楽しい。楽しければ何の問題もありません。でも少し落ち着きたいな、というときはひとりでいればいいのです。逆にひとりが寂しくてたまらなくなるなら、人と交われればいい。

あたりまえのことですが「どっちがいい」ではなくて「バランス」であり、そのバランスも人それぞれでしょうから、「ぼっち」であろうがなかろうが、自分の思うようにすればいいのです。

私はというと、ひとりの時間は好きです。たくさんの人たちといっしょに騒ぐのも嫌いではないですが、ひとりで満月を見ながら、焼酎を飲んでいるときなどは望外の幸せを感じます。ちびちびと飲みながら、お月様とおしゃべりするような感覚です。

その時間に自分自身を振り返ったり、これからのことを考えたりできるので、楽しい時間です。それに、「そんなふうにしている自分もいいなぁ」「満月見て〝満月っていいな〟と思っている自分もなんかかわいいな、愛おしいな」と思ったりします。

自己愛が強いのかもしれませんが、自己愛も悪いことばかりではないと思います。自分が「完璧で素晴らしいから愛《め》でる」ということではなくて、できないこと、限界なども踏まえて自分という存在をまるごと愛するというのは、必要なことではないでしょうか。

「孤独」というとネガティブに捉えられがちですが、ポジティブな面も含めて付き合っていければいいと思います。

吾唯足《われただだた》るを知る

みなさんは「吾唯足知（吾唯足《われただだた》るを知る）」という言葉をご存じでしょうか。芋焼酎の銘柄にもなっていますが、もともとは京都の龍安寺《りょうあんじ》の有名な石庭の裏にあるつくばいに彫られた文字です。

「吾唯足知」は、直訳すると「私はただ満ち足りていることだけを知っている」となります。これは「満足する心をもちなさい」といったお釈迦様の教えです。いまあるものに満足できる人はたとえ貧しくとも心は豊かである、ということです。

ともすればこれは、「いろいろなことをあきらめて現状を受け入れよ」というふうに捉えられますが、私はこれを、「自分の可能性を知って、それを愛することだ」と解釈しています。

「自分はこんなものだと受け入れて満足せよ」ということではなく、自分というものの存在を愛おしく感じて大事にしなさい。あきらめるのではなくて可能性を愛しなさい。「自分には役割があり、自分の限界を意識しつつもその役割をまっとうしなさい」ということです。

人はそれぞれ顔も違うし、能力も資質も育ってきた環境も現状も違います。その中でそれぞれが唯一無二の存在であり、それぞれにできることや役割があるのです。「吾唯足知」は、応援メッセージだと私は思っています。

こんなエピソードもあります。

イギリスの政治家であり作家でもあったウィンストン・チャーチルは、子ども時代にこんなふうに言っていたそうです。

「人なんて、みんな虫けらだ」

まわりの人が「チャーチル、おまえも虫けらか」と言うと、

「そうだよ、俺は蛍だけどね」

と言ったそうです。

チャーチルは「俺はすごいんだ」と思っていたわけではなくて、「俺だってしょせん虫けらだよ。でもそんな自分にだって役割がある」と言いたかったのではないでしょうか。

フランスの小説家、ロマン・ロランも、こんな言葉を残しています。

「幸福とは自分の分を知って、それを愛することである」

自分の分を知るというと「分をわきまえろ」という意味にも思いがちですが、「吾唯足知」と同様に、「幸福とは、たったひとりの〝自分〟という存在を、もっと自分で知る。そして可能性も限界もすべて含めた自分を愛すること」という意味だと解釈しています。

みなさんも自分のあるがままの姿を受け止めて、その自分が幸せに感じることを行ってください。そして自分の「可能性」を愛してください。

大切にしてもらいたい4つのこと

私は市長時代、明石市の成人式で、毎年、若い人たちに「大切にしてもらいたいもの」をテーマに言葉を贈っていました。すごくクサい言葉ですし、俗っぽくてありきたりでもありますが、本当に大事なことなので、最後にその言葉を少しアレンジして、みなさんに贈りたいと思います。

1つ目は、近い人を大事に。家族や友人を大切にしてほしい。

2つ目は、故郷を大事に。胸をはって「○○出身です」と言ってほしい。

3つ目は、地球そのものを大事に。地球という、宇宙の中の「生き物」を大切にしてほしい。

そして最後に、いちばん大事にしてほしいものは、「あなた自身」。そしてあなたの未来を大事にしてほしい。ほかの誰でもない「あなた」がいちばん尊い存在なのだから。

自分を大事にすることは、決してわがままなことではありません。自分自身を大事にできない人が、自分のまわりの人やもの、まち、地球を大事にすることができるでしょうか。

すごくクサいことをくり返しますが、「あなた」というのは、「かけがえのない存在」なのです。

もしかしたら劣等感もあるかもしれません。私もあります。それこそ、子どもの頃から勉強もスポーツもできましたが、女の子にはモテませんでしたし、背も低いし、声も甲高いし、ルックスも含めてトータルで、劣等感を抱く部分なんてたくさんあります。でも、それも含めて「私」です。そういったこと全部抱えて「私」という生き物。そして日々いろいろな決断をして、経験をして、私自身の意思で私をつくっているんです。

私はあなたではないし、あなたは私ではありません。そのあなたが、いませっかく生きているのだから、つまり自分でつくれる人生をもっているのだから、どうせなら楽しんでください。

「いまの時代は大きな転換期で、ますます大変な時代になる」と言う人もいます。そういう面もあるかもしれませんが、同時に「こうでなきゃいけない時代」から「こうでなくてもいい時代」へ移行しているといえます。その点では、みなさんの可能性は大きく開かれているのです。

自分の可能性や未来を、あなたはこれから自分でつくっていけます。人生を遊ぶというよりは、「自分で人生を描く」。そして「彩る」。

あなたの素晴らしい20代が、自分らしくありますように。

ささやかですが、心からエールを送ります。

著者略歴
１９６３年、兵庫県明石市二見町に生まれる。前明石市長、元衆議院議員、弁護士、社会福祉士。県立明石西高校、東京大学教育学部卒業。ＮＨＫ、テレビ朝日のディレクター、石井紘基氏の秘書を経て、弁護士となり、２００３年に衆議院議員に。その後、社会福祉士の資格も取り、２０１１年５月から２０２３年４月まで明石市長を３期務めた。
著書に『社会の変え方 日本の政治をあきらめていたすべての人へ』（ライツ社）、『政治はケンカだ！ 明石市長の12年』（聞き手＝鮫島浩、講談社）、『日本が滅びる前に――明石モデルがひらく国家の未来』（集英社新書）などがある。

20代《だい》をどう生《い》きたらいいのか
――こんなオッチャンが語《かた》ります

二〇二三年一二月八日　第一刷発行

著者　泉《いずみ》 房穂《ふさほ》
発行者　古屋信吾
発行所　株式会社さくら舎　http://www.sakurasha.com
東京都千代田区富士見一-二-一一　〒一〇二-〇〇七一
電話　営業　〇三-五二一一-六五三三　ＦＡＸ　〇三-五二一一-六四八一
編集　〇三-五二一一-六四八〇
振替　〇〇一九〇-八-四〇二〇六〇
装丁　村橋雅之
印刷・製本　中央精版印刷株式会社

ISBN978-4-86581-407-1